HARALD HARAZIM | RENATE HUDAK

NATUR ABENTEUER FÜR KINDER

Spiel- und Bastelideen für Flussbaumeister und Waldprinzessinnen

HARALD HARAZIM | RENATE HÜDAK

NATUR ABENTEUER FÜR KINDER

Spiel- und Bastelideen für Flussbaumeister und Waldprinzessinnen

15 Wald

51 Wasser

83 Wiese

119 Garten

151 Nacht

173 Matschwetter

Vorwort

Selbstständig die Natur erkunden, Tiere und Pflanzen in ihrer natürlichen Umgebung erleben – das sind Erfahrungen, die für Kinder und Jugendliche wichtig sowie ein willkommener Ausgleich für das Leben in unserer weitgehend technisierten Umwelt sind. Sehen, hören, schmecken, anfassen, beobachten: Solche unmittelbar erlebbaren Eindrücke machen den Kindern Spaß und wecken die Lust auf weitere große und kleine »Entdeckungsreisen«, bei denen sie die Natur in all ihrer Schönheit und Komplexität erleben können.

Doch wie kann man Kindern die Natur so vermitteln, dass sie Spaß daran haben und begeistert mitmachen? An der Friedrich-Ebert-Grundschule in Augsburg, an der ich als Rektorin tätig bin, übernehmen dies seit einigen Jahren Harald Harazim und seine Frau Renate Hudak mit großem Engagement und Erfolg: Sie begleiten die Ganztagesklassen durch das Schuljahr und schaffen es immer wieder aufs Neue, den Kindern mit ihren Aktionen im näheren Schulumfeld die Natur auf abwechslungsreiche Weise näher zu bringen.

Verblüffend unkompliziert sind die Mittel, die sie dabei einsetzen: Inhalte aus der Biologie und aus der Physik machen sie durch simple Experimente und einfache Bauanleitungen für die Kinder verständlich und praktisch erfahrbar. Durch die Begegnung mit Naturphänomenen bringen sie die Kinder zum Staunen und leiten sie zum selbstständigen Erforschen ihrer näheren Umgebung an. Sie laden die Kinder zu Spielen und Übungen ein, die alle Sinne ansprechen. Sie lenken den Blick der Kinder auf die Wunder der Natur, denn sie wissen, dass das unmittelbare Erleben wichtig und prägend ist, nicht Kenntnisse aus zweiter Hand, wie sie durch Computerspiele, Fernsehsendungen und Zeitschriften vermittelt werden. Kurz gesagt: Lernen durch eigene Erfahrungen steht im Vordergrund, denn diese Form des Lernens ist am nachhaltigsten!

Mit diesem Buch möchten Harald Harazim und Renate Hudak ihre Ideen und Anregungen an andere Menschen, die mit Kindern die Natur erleben wollen, weitergeben. Eltern und Großeltern, Erziehern und Lehrern wollen sie Vorschläge machen, wie sie den Aufenthalt in Wald und Wiese, am Wasser und im Garten oder Park für Kinder angenehm gestalten können. Und zwar so, dass er für alle Beteiligten mit Freude verbunden ist – auch für die Erwachsenen! Nur ganz nebenbei wird den Kindern der pflegliche Umgang mit der Natur vermittelt, ein pädagogisch erhobener Zeigefinger ist nirgends zu spüren. Die Spiel- und Bastelanleitungen sind so ausgewählt, dass Sie sowohl mit einem oder zwei Kindern als auch mit einer größeren Gruppe– etwa anlässlich eines Kindergeburtstags oder eines Klassenausflugs – »Auszeiten« vom Alltag erleben können. Damit Sie Fragen zum Erlebten, die im weitesten Sinne unter die Rubrik »Naturwissen« fallen, gleich beantworten können, ist auch in dieser Hinsicht vorgesorgt: Sie bekommen im Buch kindgerecht aufbereitete Informationen, um den Wissensdurst der Kinder angemessen und befriedigend stillen zu können.

In diesem Sinn wünsche ich Ihnen rund ums Jahr und bei jedem Wetter viel Freude beim Ausprobieren der Spiele und Bastelvorschläge!

Christa Baumann

Rektorin der Friedrich-Ebert-Grundschule in Augsburg

Die Natur erfahren

Raus aus dem Haus! Das ist das Motto, mit dem wir Sie auffordern wollen, mit Ihren Kindern auf Entdeckungsreise nach draußen zu gehen. Dieser Ruf soll alle Beteiligten motivieren, schöne und aufregende Begegnungen mit der Natur zu erleben.

› Abenteuer kann man überall finden – manchmal muss man gar nicht erst lange auf die Suche gehen.

Unterwegs in Wald und Feld, am Wasser und im Garten

Wer unserer Aufforderung »Raus aus dem Haus!« folgt, kann vor Ort die Natur mit all ihren zahlreichen Facetten entdecken. Und er kann sich selbst und die Familie mal ganz anders als im Alltag daheim erleben: An- und aufregende Abenteuer, konzentrierte Beobachtungen, Orte, an denen man innere Einkehr halten kann oder die die Fantasie beflügeln – all diese Möglichkeiten, die unser Leben auf vielfältige Weise bereichern, hält die Natur für uns bereit. Wie Sie diese Möglichkeiten nutzen können und wie Sie den Aufenthalt in der »wilden Welt«, die uns (fast) überall umgibt, sinnvoll gestalten können – dazu möchte unser Buch zahlreiche Anregungen geben.

Möglich ist das Naturerleben schon mit ganz einfachen Dingen: Das Gehen auf unebenem Waldboden schult und stärkt nicht nur bei kleinen Kindern Gleichgewichtssinn und Bewegungsapparat. Bauen und Basteln erweitern die haptischen Fähigkeiten, das kreative Gestalten stärkt das Selbstbewusstsein der kleinen und großen Baumeister. Das Erkunden der Umgebung fördert den Orientierungssinn. Das Beobachten von Tieren schärft den Blick, unterstützt auch die übrigen Sinne und steigert die Konzentrationsfähigkeit. Wer selbst aktiv Experimente durchführt, vertieft sein Verständnis für die Zusammenhänge und lernt nachhaltig. Stille Orte regen die Fantasie an und laden zum Träumen ein. Spiele im Freien kommen dem natürlichen Bewegungsdrang der Kinder entgegen, bringen auch Erwachsene in Schwung und lassen sie die Lust am Herumtoben wiederentdecken.

Allein der Aufenthalt im Freien regt gleich mehrere unserer Sinne an. Da rauscht der Bach, während eine frische Brise durch unsere Haare weht; wer aufpasst, hört das Rascheln der Maus im Unterholz. Und wer schon einmal eine frisch gepflückte Beere gekostet oder an einer Wiesenblume geschnuppert hat, der weiß, dass sich auch Geschmacks- und Geruchssinn im Freien am besten entwickelt können. Werden diese Eindrücke aus der Natur durch gezieltes Bauen, Basteln, Forschen, Erkunden und Experimentieren vertieft, so ist nachhaltiges Lernen möglich, und unsere Sinne werden geschärft. Wie viel langweiliger und eintöniger ist dagegen die Beschäftigung mit Computer, Fernseher und Spielkonsole!

› Beim Herumtoben gibt's manchmal kleine Unfälle – da helfen ein Erste-Hilfe-Set und Notfallnummern!

ABWECHSLUNGSREICHE NATURRÄUME

Im Zentrum dieses Buches stehen vor allem Vor- und Grundschulkinder, die in Begleitung von erwachsenen Familienmitgliedern oder Betreuern auf Entdeckungsreise in die Natur gehen. Das heißt aber nicht, dass nicht auch ältere Kinder, Jugendliche und Erwachsene an vielen unserer Vorschläge Freude und Spaß haben werden!
Die einzelnen Kapitel sind auf die Naturräume Wald, Wiese, Wasser und Garten ausgerichtet. Diese Ökosysteme kann man dann bei der Freizeitplanung gezielt ansteuern und die Unternehmungen vorbereiten und planen. Je nachdem, in welcher Entfernung Wald-, Wiesen- und Wasserwelten zu finden sind, können Sie sich dann – ganz nach Ihren persönlichen Vorlieben – die unterschiedlichen Ziele vornehmen. Die meisten Spiele, Experimente und Bauanleitungen können allerdings, unabhängig von den Naturräumen, denen sie im Buch zugeordnet sind, auch anderswo, etwa in Park, Garten, einige sogar auf dem Balkon, umgesetzt werden.
Damit Sie bei jeder Witterung und wirklich zu jeder Tageszeit »auf Tour« gehen können, haben wir uns – unabhängig von den Naturräumen – auch zu den Themen »Matschwetter« und »Nachterlebnis« Unternehmungen einfallen lassen.
Am Ende jeden Kapitels finden Sie jeweils Vorschläge für Unternehmungen mit größeren Gruppen. Wenn Sie also beispielsweise anlässlich eines Kindergeburtstags ein Fest im Grünen feiern wollen oder mit einer Schulklasse unterwegs sind, und viele junge Teilnehmer sinnvoll beschäftigt werden und ihren Spaß haben sollen.

FREIZEIT SINNVOLL NUTZEN

Aus eigener Erfahrung wissen wir, dass Zeit, und zwar ausreichend viel Zeit, für einen anregenden Aufenthalt in der Natur notwendig ist. Deshalb müssen Sie aber kein schlechtes Gewissen haben, wenn Sie in Ihrem Alltag neben Beruf und Haushalt nur ein kleines Zeitfenster für solche Naturerlebnisse erübrigen können. Oft helfen schon kleine, wenig spektakuläre Aktionen, um aus dem oft hektischen Alltag aufzutauchen; auch mit ihrer Hilfe bietet sich die Gelegenheit, Erlebnisse intensiv zu genießen und nachhaltig zu verarbeiten.
Im Zusammenleben in der Familie ist aktive Gelassenheit und Zeit zum Miteinander ein oft rares Gut. Innere Ruhe ist aber eine wesentliche Voraussetzung, wenn man wahrnehmen will, was einen umgibt – egal, ob es sich um Natur oder andere Menschen handelt. Zu hohe Leistungsanforderungen sind in diesem Miteinander eher ein Hemmschuh! Also: Keine übersteigerten Anforderungen an die hand-

Wozu haben Sie und Ihre Kinder Lust?

Strotzen alle vor Energie und wollen sich mal richtig austoben? Dann empfehlen wir Ihnen eine Unternehmung aus dem Bereich **Spielen & Bewegen.**

Freuen sich die Kinder, wenn sie selbst etwas bauen können? Sind sie heute so »drauf«, dass sie etwas Geduld und Konzentrationsvermögen mitbringen? Dann sollten Sie in der Kategorie **Bauen & Basteln** aktiv werden.

Haben Ihre Kinder Lust, mehr über den Naturraum zu erfahren, zu entdecken, welche Tiere und Pflanzen hier leben, ohne dass gleich der didaktische Zeigefinger erhoben wird? Mit den praktischen Erfahrungen aus dem Bereich **Wissen & Erkunden** macht das Lernen Spaß.

Sind Sie mit lauter kleinen Naturforschern unterwegs, die mit Elan die Wunder der Natur ergründen wollen? Dann sollten Sie Unternehmungen aus dem Bereich **Experimentieren & Erkennen** auswählen.

werklichen Fähigkeiten, kein Anspruch an ein durchgestyltes Unterhaltungsprogramm mit Dauerbespaßung und keine Erwartung, dass die Kinder allzeit fröhlich und geduldig sind und dass sie sich immer ohne Murren auf gemeinsame Naturerlebnisse einlassen wollen! Sich weniger vorzunehmen und die »Leistungserwartungen« herunterzuschrauben erlauben ein intensiveres Erleben und nachhaltiges Erfahren.
Eine kleine Hilfestellung möchten wir Ihnen allerdings schon geben: Wir schicken Sie nicht ohne Hintergrundwissen in den Naturraum, in dem Sie mit den Kindern unterwegs sein werden. Am Anfang jedes Kapitels stellen wir Ihnen auf einer Sonderseite einige der wichtigsten Pflanzen und Tiere vor, denen Sie im jeweiligen Ökosystem begegnen können, und liefern Ihnen Hintergrundinformationen, mit denen Sie zumindest einen Teil der ganz sicher aufkommenden Fragen Ihrer Kinder beantworten können. Für uns gehören auch Märchen und Geschichten zu den Erlebnissen in der Natur. Sie lassen uns auf ganz besondere Weise in die Naturwelt eintauchen. Daher haben auch einige unserer Lieblingsgeschichten Eingang in dieses Buch gefunden – in Kurzform, weshalb Sie sie gern ausschmücken dürfen!
Die meisten Anregungen sind für einen eher kurzen Aufenthalt in der Natur gedacht. Viele Aktivitäten können Sie und Ihre Kinder aber auch über eine längere Zeit im »Freien«, wie beispielsweise auf naturnahen Zelt- oder Lagerplätzen, im Urlaub auf dem Bauernhof oder in der Ferienwohnung in naturnaher Umgebung begleiten. Auch der Besuch eines Wildparks oder Naturerlebniszentrums kann so bereichert werden. Sie können die dort oftmals didaktisch hervorragend umgesetzten Informationen durch einfache Anregungen ergänzen, und damit im Alltag der Kinder verankern. So erinnert uns vielleicht die am Rande des Wisentgeheges selbst gemachte Holunderkette auch an die Begegnung mit den urzeitlich wirkenden Rindern.

SPIELEN BRAUCHT FREIRÄUME

Planen Sie den Aufenthalt in der schönen »wilden Welt« bitte nur in Grundzügen. So bleibt genug Raum, um eigene Ideen zu entwickeln, und es besteht die Gelegenheit, sich von der Natur inspirieren zu lassen. Bereiten Sie immer nur ein oder zwei Spiele oder Bauprojekte konkret vor. Als Hilfestellung geben wir Ihnen dazu jeweils eine Materialliste, auf der vermerkt ist, was Sie für Ihre Unternehmungen in die Natur mitnehmen sollten, mit auf den Weg. Der Rest ergibt und entwickelt sich durch die gemeinsamen Interaktionen der Familienmitglieder und die Anregungen aus der Natur. Die Lust kommt beim Tun!
Weitere Spiele oder Bastelarbeiten können Sie vorab durchdenken und gegebenenfalls notwendige Materialien oder Werkzeuge auf Vorrat mitnehmen. Bleiben Sie immer flexibel, seien Sie nicht zu ergebnisorientiert: Zieht man gemeinsam los, um am Fluss ein Wasserrad zu bauen und zum Schluss steht dort ein abenteuerlich schiefer Steinturm oder die Kinder haben ein Floßwettrennen veranstaltet, so ist das nicht nur »nicht schlimm«, sondern großartig! Der

Bau des Wasserrads kann warten, wenn Turm oder Wettrennen sich aus dem Miteinander (und den Interaktionen) entwickelt haben.
Für Ausflüge mit größeren Gruppen sollten Sie auf jeden Fall ausreichend Bau- und Bastelmaterial für die höhere Anzahl von Kindern vorbereiten. Die Enttäuschung ist groß und die Voraussetzungen schlecht, wenn ein »Mitspieler« leer ausgeht oder sich zwei Kinder das Material teilen müssen.

EIN BUCH MIT GEBRAUCHSSPUREN

Beim Ausflug mit der eigenen Familie können Sie vor Ort vieles im Buch noch einmal nachlesen. Bei einem Dutzend wuselnder Geburtstagskinder und drängender Eltern oder einer ganzen Schulklasse bleibt dafür wenig Zeit. Außer einem kurzen Nachschlagen und Nachblättern als Gedankenstütze ist wenig drin. Also: Dieses Buch ist nicht nur für die abendliche Lektüre auf dem gemütlichen Sofa gedacht, sondern zum Mitnehmen für draußen – Gebrauchsspuren adeln es! Das ein oder andere Eselsohr oder ein Holunderfleck erinnern an vollbrachte Taten und einen schönen Nachmittag im Freien. Auch die Kinder können nach erlebten Abenteuern und Entdeckungen einzelne Aspekte noch einmal selbst nachlesen und so Zusammenhänge erkennen und vertiefen. Für die nächste Fährtensuche können beispielsweise einzelne Spurenbilder vorab verinnerlicht werden; dann ist der erfahrene »Jungtrapper« noch erfolgreicher!
Sollte eines der im Buch enthaltenen Themen Ihr besonderes Interesse geweckt haben, so finden Sie in den Literaturempfehlungen (siehe S. 190) Hinweise auf weiterführende Bücher oder Internetseiten. Oftmals sind die für Kinder gedachten Sach- und Naturbücher auch für Erwachsene interessant und eignen sich gut als Einstieg in ein bestimmtes Thema.

> Die Natur kann zu vielem dienen – unter anderem auch als Kleiderkammer.

Mit Respekt für die Natur

Mitteleuropa ist auch außerhalb von Städten und Ortschaften durch vielfältige Kulturlandschaften geprägt. Von Menschen unbeeinflusste Urwälder oder sich in ihrem ursprünglichen Bett in weiten Bögen bewegende Flussläufe sind sehr selten zu finden. In vielen Naturschutzgebieten ist der Zugang zu den Kernzonen beschränkt und es gelten besondere Verhaltensregeln. Diese sollten unbedingt beachtet werden, denn Naturerleben ist auch in der »gezähmten« Umwelt möglich. Aber auch wenn wir uns in der »zivilisierten« und nicht ausdrücklich geschützten Natur bewegen, sollten wir Tieren und Pflanzen mit dem nötigen Respekt begegnen und dies unseren Kindern praktisch vermitteln. Leben und leben lassen! Mitgebrachte Brotzeitverpackungen sowie anderen Abfall wieder einzupacken und daheim zu entsorgen, ist eine Selbstverständlichkeit – vielleicht kann man mit gutem Beispiel vorangehen und gelegentlich auch das »versehentlich« vergessene Bonbonpapier anderer mitnehmen. So können Kinder die einfachste Ebene des Umweltschutzes ohne schulmeisterlich erhobenen Zeigefinger erfahren. Und der erneute Besuch eines geliebten Ortes, an dem man keine menschliche Überbleibsel und Müll vorfindet, ist für alle Beteiligten mit ungetrübter Freude verbunden.

WAS UNTERNEHMEN WIR HEUTE?

Grundsätzlich eignen sich alle Spielanregungen vom Schwierigkeitsgrad her für Kinder ab dem Vorschulalter, jüngere Kinder brauchen ggf. ein wenig mehr Unterstützung als bereits größere oder handwerklich geschicktere. Unterschiede, die sich durch Jahreszeit oder das jeweilige Wetter ergeben, liegen buchstäblich in der Natur der Sache: Im Winter oder bei

Starkregen finden sich nur wenige Insekten und Schmetterlinge auf einer Wiese, und Mandalas bei Hagel zu legen ist auch nicht jedermanns Sache. Im Sommer, bei strahlendem Sonnenschein geht vieles, was im Winter oder bei »Matschwetter« nicht möglich ist oder zumindest weniger Freude bereitet. Allerdings sollten Sie sich durch das Wetter nie von Unternehmungen in der Natur abhalten lassen, denn es wird erst durch die falsche Kleidung oder ungeeignete Betätigung im Freien wirklich schlecht! Wir versuchen, auch für suboptimales Wetter praktikable Anregungen zu geben. Selbst bei Frost, Schnee und Regen gibt es vieles zu entdecken. Entscheidend ist es, die eigenen Wünsche und die entsprechende Kleidung auch an den örtlichen Gegebenheiten und dem herrschenden Wetter auszurichten.
Neben den Jahreszeiten bieten uns die unterschiedlichen Tageszeiten eine Vielfalt von Möglichkeiten. Bei aufgehender Sonne verhalten sich viele Tiere anders als während des restlichen Tages. Vogelgezwitscher ist am Morgen oft nicht nur intensiver, sondern wird dann noch nicht durch viele menschliche Aktivitäten übertönt. Einige Vogelarten beginnen ihren Balzgesang schon vor Sonnenaufgang. Abendliche Froschkonzerte tönen aufgrund der eingetretenen Stille viel intensiver. Fledermäuse werden mit Eintritt der Dämmerung aktiv, das Funkeln und Blitzen der Sterne sehen wir erst am nächtlichen Himmel.

Ausrüstung

Wer in der Natur unterwegs ist, sollte Folgendes mit dabeihaben:

- kleiner Rucksack
- feste Wanderschuhe, bei Ausflügen ans Wasser oder bei Matschwetter auch Gummistiefel
- Pausenbrotbox für die Verpflegung und unzerbrechliche Trinkflasche, eventuell Thermoskanne
- Sitzunterlage
- Taschenmesser mit einer abgerundeten Spitze
- Becherlupe
- ein Stück Seil oder Schnur
- Taschenlampe
- Handy
- einige Pflaster
- kleine Plastiktüte
- ein Stück Draht

NATUR IST ÜBERALL

Zahlreiche Naturerfahrungen sind auch wohnungsnah im Park, im eigenen Garten oder sogar auf dem Balkon oder im Hinterhof möglich. So finden sich beispielsweise Holunder- und Haselsträucher zum Basteln und Bauen häufig auch im Siedlungsbereich, und wenn man freundlich nachfragt, geben die meisten Nachbarn gern einige Äste an junge Naturforscher ab, manchmal darf man sie sogar selbst abschneiden. Viele Tierarten kann man im direkten Wohnumfeld beobachten und der vorsichtige Umgang mit der Becherlupe lässt sich sehr gut mit dort häufig vorkommenden Insektenarten einüben – geschützte, seltene Arten sind ohnehin tabu.
Das Wunder des Pflanzenwachstums können Kinder und Erwachsene auf der Fensterbank nicht nur schon früher im Jahr als im Freiland, sondern auch über einen längeren Zeitraum hinweg intensiver erleben. Für ungeduldige Jungforscher bieten sich besonders schnell wachsende Kresse- oder Radieschensamen an. Aber auch der tägliche Schulweg eignet sich hervorragend, um die jahreszeitlich bedingten Änderungen in der Natur zu beobachten. Und das Innehalten, das immer wieder bei der am Straßenrand wachsenden kleinen Birke erfolgt, entlockt nicht nur Kindern Bewunderung für ihren zähen Kampf mit dem Asphalt.
Solche Naturerlebnisse »vor Ort« ersparen der ganzen Familie außerdem unnötige Belastungen durch lange Anfahrten und einen womöglich stressigen Aufenthalt im engen Auto. Den entlegenen Wald, die interessante Schlucht oder den besonderen Berg sollte man nur ansteuern, wenn man genügend Zeit hat. Oft bietet sich beispielsweise ein Abstecher auf dem Weg zu einem anderen Ziel oder auf dem Weg in den Urlaub oder zum Verwandtenbesuch an. Verbunden mit einer Übernachtung in einer netten Pension werden die Nerven der Fahrer und die Geduld der Kinder geschont.

> Auch zunächst Verborgenes gibt nach eingehender Betrachtung sein Geheimnis preis.

Dankeschön

An der Entstehung eines Buches sind viele Menschen und die Begegnungen mit ihnen beteiligt. Danken möchten wir zunächst unseren Eltern, die uns in unserer eigenen Kindheit den Zugang zur Freude an der Natur ermöglichten. Bei unterschiedlichen Anlässen – vom Sonntagsspaziergang über das gemeinsame Pilzesuchen bis zum Holzmachen – war immer auch Gelegenheit, die kleinen Wunder der Natur zu entdecken; das hat uns nachhaltig geprägt!
Wir möchten auch den zahlreichen Naturlehrern, Biologen, Botanikern, Physikern und Pädagogen für ihre oftmals tief gehenden Informationen und praktischen Anregungen im Umgang mit Menschen in der Natur unseren Dank aussprechen. Viele Spiele, Übungen und Bauanregungen konnten wir mit ihnen konkret ausprobieren.
Dank gilt auch den unzähligen Kindern, Eltern und Pädagogen, die sich auf uns und unsere Form der Begegnung mit der Natur eingelassen haben. Die hier gemachten praktischen Erfahrungen prägen unsere Arbeit bis heute. Von ihnen wissen wir, das tatsächlich Weniger und Einfacheres oftmals mehr bewirkt! Das Leuchten in den Augen eines Kindes während einer neuen Erkenntnis oder das Strahlen im Gesicht eines älteren Menschen bei der Erinnerung an glückliche Kindertage ist Anregung und Lohn zugleich.
Großer Dank gilt auch allen, die an der konkreten Entstehung dieses Buches beteiligt waren! Vom »Brainstorming Team« über die Redaktion, die Lektorin, das Grafik- und das Foto-Team ist viel Fachkompetenz und »Herzblut« in unser Buch eingeflossen. Dank gilt natürlich auch den Kindern und deren Eltern, die die Bilder des Buches erst lebendig gemacht haben. Der sich ergänzende Ideenreichtum ermöglicht nun einen Einstieg in die Wunder der Natur und bringt Ihnen hoffentlich viel Spaß, unsere Umwelt (neu) zu entdecken, wie uns!
Dabei ist natürlich das Selbermachen und Selbsterleben das Allerwichtigste – in diesem Sinne also raus aus dem Haus, rein in die Natur!

Wald

Wer in den Wald geht, taucht in eine andere Welt ein: Mächtige Bäume umgeben uns, wir laufen über weichen, mit Laub übersäten Boden. Vögel zwitschern, es riecht nach frischem Grün, »Außengeräusche« dringen nur gedämpft zu uns. Diese neue Welt will entdeckt werden!

Wald-Welten

Der Wald hat besonders im deutschsprachigen Kulturkreis eine hohe Bedeutung. In Mythen und Märchen war er schon immer Ausgangspunkt und Bezugsrahmen für schaurig-schöne Geschichten und fabelhafte Gestalten.

› Beim Anblick dieser knorrigen alten Eiche kommen so manchem sagenhafte Gestalten wie Trolle in den Sinn.

Verlockend und interessant, nicht mehr finster und wild

Eines gleich zu Anfang: Ein Wald ist viel mehr als nur eine Ansammlung von Bäumen. Die unterschiedlichsten anderen Pflanzen wie Sträucher, Stauden, Moose, Farne und Pilze und natürlich auch noch verschiedenste Tierarten sind Bestandteil eines jeden Waldes. Und erst die Verknüpfung der einzelnen Lebewesen des Waldes und ihre Beziehung zueinander machen aus ein paar Bäumen einen Wald. Unter diesem Gesichtspunkt bekommt der Satz, »... den Wald vor lauter Bäumen nicht mehr sehen ...« eine völlig neue Bedeutung.

ABWECHSLUNGSREICH UND VIELFÄLTIG

»Den« Wald gibt es im Übrigen nicht, es gibt ihn in vielen verschiedenen Ausprägungen, je nachdem, an welchem Standort und in welchem Klima er wächst. Vom Laubwald, der vor allem von Bäumen mit Blättern geprägt ist, über den von Koniferen beherrschten Nadelwald bis hin zum Auwald, der vor allem entlang von Flüssen vorkommt und in dem Gehölzen leben, die immer wieder mit Überschwemmungen zurechtkommen müssen, gibt es viele Spielarten und Varianten.
Schon auf den ersten Blick wird einem klar, dass die Tierwelt abhängig von den Pflanzen ist. Ohne Pflanzen als Nahrungsgrundlage gäbe es keine Mäuse, Rehe oder Hirsche. Und ohne Pflanzenfresser auch keine Beutegreifer wie Uhu, Fuchs oder Wolf, die sich von ihnen ernähren. Wechselbeziehungen bestehen aber nicht nur in einer Richtung und zwischen zwei oder drei Arten; vielmehr kann man sich das Ganze wie ein höchst komplexes Netz

vorstellen, in dessen Geflecht letztlich jeder Einfluss auf den anderen nimmt, wenn dies auch manchmal über »Umwege« geschieht. Wer würde beispielsweise ahnen, dass es eine Beziehung zwischen Bäumen und Pilzen gibt? Nur wenige Menschen wissen, dass das Wurzelwerk vieler Bäume von zahlreichen Pilzen, den sogenannten Mykorrhizen, umwoben ist. Diese führen den Wurzeln Nährstoffe zu oder erleichtern den Baumriesen deren Aufnahme. Ohne diese Mykorrhizen würden die Bäume viel schlechter wachsen, an manchen Standorten würden sie ganz absterben. Pilze zerlegen außerdem tierische und pflanzliche Abfallstoffe wie abgestorbene Pflanzen und Tiere in ihre Grundbestandteile. In diesem »zerkleinerten« Zustand können sie von den Bäumen wieder als Nährstoffe aufgenommen werden.

> **Es gibt viel zu entdecken und zu bestaunen unter dem grünen Blätterdach des Waldes.**

ABENTEUER WALD

Der Wald ist für kleine und große Forscher und Entdecker spannend und interessant. Wer schon einmal einen richtig »verwilderten« Wald mit umgestürzten Baumriesen und dichtem Gestrüpp gesehen hat, ahnt, warum der Wald in früheren Zeiten im Märchen oft als finster und auch bedrohlich geschildert wurde. Kennt man sich aber aus, so lockt das Abenteuer, verborgene Pfade, auf denen sonst nur nachts die Tiere entlangschleichen, tun sich dem erfahrenen »Waldläufer« auf!

Urwald im eigentlichen Sinn gibt es im mitteleuropäischen Kulturraum leider nur noch in geringen Restbeständen. Zumeist umgibt uns Nutzwald, der in weiten Teilen recht eintönig aussieht. Aber in den letzten Jahrzehnten ist die Einsicht in die Bedeutung des Waldes über seine reine Nutzfunktion als Holzlieferant hinaus erfreulicherweise gestiegen. So ist in einigen Bereichen die menschliche Nutzung eingeschränkt worden, Eingriffe werden, wie z. B. in der Kernzone des Bayerischen Waldes, ganz vermieden. Die damit einhergehende Vielfalt an Baumarten und der erhöhte Totholzanteil ermöglichen den verschiedensten Tieren ein Auskommen und beleben ganz besonders die Artenvielfalt.

Aber auch jenseits dieser Naturschutzzonen lassen sich Waldabschnitte finden, die zahlreichen Waldbewohnern vielfältigen Lebensraum bieten. Solche vielschichtigen Zonen eignen sich auch ausgesprochen gut zur Erkundung mit der gesamten Familie, gibt es hier doch besonders viel zu entdecken und erforschen. Drehen Sie doch einmal ein Stück alte Borke oder Totholz um. Oftmals verbirgt sich in diesem feuchten Mikrokosmos eine ganz eigene, wuselnde und zuweilen etwas gruselige Welt von Asseln, Tausendfüßlern und anderem »Gewürm«. Nach eingehender Betrachtung aber bitte den Urzustand wieder herstellen, sodass die Störung der »Unterwelt« nicht zu lange andauert!

SUCHEN UND ENTDECKEN

Gerade im Wald kann man auf die unterschiedlichen Bedürfnisse einer Familie eingehen, ohne dass sich die Mitglieder gegenseitig behindern oder ausschließen. So kann das Suchen von Pilzen mit dem Finden der farbenprächtigsten Blätter für die heimische Sammlung gut miteinander in Einklang gebracht werden. Und die Schau der jeweiligen »Beute« freut dann wieder alle zusammen. Die Bank am Rande einer Lichtung kann als Platz für die wohlverdiente Ruhe der Eltern dienen, wobei die Kinder nicht weit entfernt mit dem Bau der wilden Trollburg oder der Ausstattung des Feenschlosses (siehe S. 32) beginnen.

Typische Tiere & Pflanzen im Wald

Unter dem Blätterdach der Bäume haben sich viele Lebewesen zusammengefunden: In den Kronen und Blättern, unter Steinen, in Höhlen – überall sind sie.

1. Die gebuchteten Blätter der Eiche sind leicht zu erkennen. Bis zu 1000 Jahre alt kann sie werden. Hart und widerstandsfähig ist ihr Holz, viele Tiere des Waldes lieben ihre Eichelfrüchte.

2. Der Specht ist der Baumeister des Waldes. Nicht nur für sich, sondern für viele andere Tiere wie Hohltaube oder Siebenschläfer hackt er Nisthöhlen in die Bäume.

3. Die Fichte sieht man häufig in unseren Wäldern. Recht stachelig fühlen sich ihre spitzen Nadeln an. Das, was viele »Tannenzapfen« nennen, stammt zumeist von diesem Baum. Sturm mag die Fichte wegen ihrer flachen Wurzeln nicht, denn sie wird leicht vom Wind umgeworfen.

4. Eichhörnchen hat jedes Kind schon mal durch den Wald sausen sehen. Oft verstecken sie Nüsse für den Winter, den sie zum Großteil gemütlich schlafend in ihrem Kobel verbringen.

5. Wer leise ist, sieht Rehe durch den Wald huschen. Gern naschen sie von den Trieben der Bäume. Die wachsen dann nicht mehr so gut, was im Übermaß dem Wald schadet.

6. Im Schatten des Waldes wachsen Farne gut. Weil sie keine Blüten haben, pflanzen sie sich mit Sporenkapseln fort, die man auf ihren Blattunterseiten sehen kann.

1
2
3
4
5
6

Astgabelkreis

Zweige und Äste mit ihren oft eigenwilligen Formen kommen in der blattlosen Zeit besonders gut zur Geltung. Meist finden sich genügend abgebrochene oder abgestorbene Teile am Boden, die man zum Bauen und Spielen verwenden kann. Ganz prima kann man daraus kleine Kunstwerke schaffen, die an eine Brücke oder einen Steg für Zwerge und Feen erinnern. Schon das Suchen der passenden Astgabeln macht Spaß und schult das Auge für die richtigen Längenverhältnisse.

MATERIAL UND WERKZEUG:
1. Astschere oder kleine Säge
2. ggf. Korb

1 Zunächst sammelt man die Astgabeln heruntergefallener Zweige und möglichst gerade Aststücke aus dem näheren Umfeld. Gerade jüngere Kinder tun sich leichter, wenn sie dazu ein Sammelgefäß wie einen Korb verwenden können. Bitte achten Sie darauf, dass die Kinder nicht mit den Stöcken im Arm rennen. Sie könnten sich dabei wehtun oder über die Äste stolpern. Die Stöcke sollten ohne Sammelkorb am besten quer im Arm getragen werden, damit sich niemand spitze Äste ins Gesicht stößt.

2 Jetzt steckt man zwei Astgabeln in den Boden. Der Abstand zwischen den beiden muss etwas kürzer sein als die Länge des geraden Astes, der anschließend als »Brücke« in die Gabeln gelegt wird. Auf diese Weise geht es auch weiter: Man misst ungefähr, wie lange der nächste gerade Ast ist und steckt dann die Gabel, in der er ruhen soll, im entsprechend etwas kürzeren Abstand in den Boden.

> **Die Astenden kann man mit langen Grashalmen verknoten. Das macht die »Feenburg« stabiler.**

3 So bauen die Kinder weiter, bis der Kreis geschlossen ist oder eine andere Figur, die sie sich ausgedacht haben, entsteht. Hinterher kann man den Astgabelkreis noch mit Gras auspolstern. Ein motorisch noch nicht so geschicktes jüngeres Kind kann zeitgleich in das Bauvorhaben miteinbezogen werden, wenn es fortlaufend den Astgabelkreis, den ein älterer Mitspieler baut, »begrünen« kann.

4 Fertig! Nun können alle ihr Werk bestaunen und die nächsten Besucher des Waldes werden sich wundern und mutmaßen, wer wohl die »Astgabelkünstler« gewesen sind. Schön ist es auch, im Laufe späterer Spaziergänge immer wieder hierherzukommen und zu sehen, wie sich der Kreis im Laufe der Zeit verändert: Hat ein Tier darin rumgestöbert? Verrottet langsam das Gras? Wo bricht der Kreis als Erstes ein?

Windspiel & Waldmobile

Kinder tun nichts lieber, als bei einem Spaziergang »Sachen zu sammeln«. Wie Pippi Langstrumpf, die sich selbst als begeisterte »Sachensucherin« bezeichnet, sind die meisten von ihnen immer auf der Suche nach Fundstücken. Der Wald bietet in dieser Hinsicht eine reichhaltige Fundgrube: Zu schade, wenn die Beute nach dem Spaziergang nur in irgendeiner Ecke landet! Stattdessen kann man wunderbare Waldmobiles, Windspiele oder Waldgirlanden daraus bauen.

MATERIAL UND WERKZEUG:
1. Sack zum Aufsammeln
2. kleiner Bohrer
3. Schnur oder dünner Draht zum Auffädeln

1 Sammeln Sie mit den Kindern Zapfen, kleine Äste, Blätter, Holzstückchen, Nüsse, Eicheln und Ähnliches.

2 Ein Erwachsener macht mithilfe eines Bohrers kleine Löcher in die gesammelten Kastanien und anderen runden Gegenstände. So können sie später aufgefädelt werden. Alternativ kann aus dünnem Draht eine Aufhängung gebogen werden. Größere Kinder können dies unter Anleitung auch selber tun.

3 Nun werden die angebohrten »Früchte des Waldes« auf gleich oder verschieden lange Schnüre oder Wollfäden aufgefädelt. Dazwischen kann immer wieder mal ein Blatt oder ein kleiner Ast eingeknotet werden. Dann werden mehrere Schnüre nebeneinander an ein bizarres Aststück oder einen schön geschwungenen Stock gebunden, dieser ebenfalls noch mit einer Aufhängeschnur versehen – fertig ist das Windspiel!

4 Mehrere solcher Zweige können anschließend in Form eines Mobiles in ein Gleichgewicht gebracht werden. Das fertige Mobile sollte maximal drei Ebenen haben, da sonst schnell ein »Schnur- und Äste-Salat« entsteht.

VARIANTE: Einfacher – gerade wenn kleinere Kinder mit dabei sind – geht es, wenn nur einzelne Gegenstände mit einer Aufhängeschnur versehen und an die beiden Enden von Ästchen oder Stöcken gebunden werden. Je nach Art der Objekte lassen sich auch damit fantasievolle Mobiles bauen. Einzelne Schnüre, an denen verschiedene Waldobjekte aufgefädelt wurden, geben außerdem wunderschöne »Waldgirlanden« ab, die sich ins Fenster oder über die Tür hängen lassen oder beim Kindergeburtstag als dekorative Tischgirlande dienen können.

Baumscheibenreise

An den Jahrringen eines Baumstumpfes oder einer Baumscheibe kann man nicht nur das Alter des Baumes ablesen. An der Breite der einzelnen Jahrringe kann man außerdem sehen, ob ein Jahr gut für einen Baum war: Hat er ausreichend Wärme und Regen abbekommen, so sind die Ringe breit, hat er unter Trockenheit oder schlechtem, kaltem Wetter gelitten, sind sie schmal.

MATERIAL UND WERKZEUG:

1. Baumscheibe oder Baumstumpf
2. Bunte Nadeln von der Pinnwand

1 Am Stumpf eines möglichst vor kurzer Zeit gefällten, möglichst alten und dicken Baumes werden die Jahrringe von innen nach außen gezählt. So wird das Alter des betreffenden Baumes bestimmt.
In unseren Breiten entstehen Jahrringe durch die jahreszeitlich bedingten Phasen im Holzwachstum: Im Frühjahr wächst der Baum stark, die Holzzellen sind groß, im Herbst werden kleinere Zellen gebildet, deren dunklere Wände das Bild bestimmen.

Naturwissen

- Die Breite der Jahrringe kann erheblich schwanken und ist von den jeweiligen Wachstumsbedingungen abhängig.
- Das sich aus den Schwankungen ergebende regional typische Wachstumsmuster wird von Archäologen zur Altersbestimmung von historischem Material verwendet. Mit dieser »Dendrochronologie« kann man das Alter von Holzteilen in alten Bauwerken bestimmen.

2 Nun zählt man erneut die Jahrringe von außen nach innen. Ist man beim Alter des jüngsten Familienmitglieds angelangt, markiert man die Stelle mit einer Pinnwandnadel. Jetzt wird bis zum jeweiligen Alter der übrigen Familienmitglieder gezählt und dieses jeweils markiert. Auch andere Ereignisse können farblich markiert werden, etwa der Umzug oder der Kauf des Meerschweinchens. Am besten macht man zum Schluss ein Foto vom Familienkalender. Nicht vergessen: Pinnwandnadeln wieder mit nach Hause nehmen.

Lebendige Kamera

Die Vielfalt der Natur erschließt sich nicht immer gleich von allein. Manchmal muss man die Perspektive ändern, um sie zu erfassen. Legt man z. B. den Kopf in den Nacken, so entdeckt man das Wunderwerk des Blätterdachs. Der Blick auf den Boden gibt winzige Strukturen preis. Wie bei einer Kamera kann man versuchen, mit dem »Teleobjektiv« die Weite des Raums zu erfassen oder mit dem »Zoom« kleine Dinge zu erkennen. Mit dem Spiel »Lebendige Kamera« kann man die Umwelt erkunden. Es schärft außerdem die Sinne und stärkt das gegenseitige Vertrauen.

1 Zunächst finden sich zwei Kinder zu einem Paar zusammen. Eines von beiden ist die lebendige Kamera und das andere der Fotograf. Das »Kamerakind« schließt die Augen und wird vom »Fotografenkind« umsichtig und mit Bedacht an eine interessante Stelle geführt.

2 Das »Fotografenkind« richtet den Kopf der »Kamera« behutsam in die gewünschte Blickrichtung auf das ausgesuchte Motiv. Durch sanftes Drücken des rechten Ohrläppchens wird der »Auslöser« aktiviert; das »Kamerakind« öffnet nun für etwa 10 – 20 Sekunden die Augen (»Linse«). Dieser Ablauf wird an zwei bis drei weiteren interessanten Stellen wiederholt.

3 Danach werden die Rollen gewechselt. Die Kinder tauschen sich darüber aus, welche Erfahrungen sie als Kamera und als Fotograf gemacht haben. Neben den visuellen Eindrücken kann man sich beispielsweise auch über die Erfahrung des Führens und Geführtwerdens unterhalten.

4 Das Spiel kann fortgeführt werden, indem man einzelne »Fotos entwickelt« und beispielsweise das schönste oder eindrucksstärkste Bild aus der Erinnerung malt. Werden die fertigen Bilder in einer »Ausstellung« gemeinsam begutachtet, kann man auch ausprobieren, ob die anderen anhand

> Der Auslöser für eine »Fotografie« ist ein Zupfen am Ohrläppchen.

des gemalten oder »entwickelten« Bildes die entsprechende Stelle bzw. das Motiv im Wald wiedererkennen oder bei einem Spaziergang finden.

TIPP: Die Übung lässt sich auch mit Paaren, bestehend aus einem Elternteil und einem Kind, machen. Dazu führt ein Kind seinen Vater, ein anderes lässt sich von der Mutter führen. Fortgeschrittene »Fotografen« können das Spiel auch mit verbundenen Augen spielen – allerdings erst, wenn das wachsende Vertrauen des »Kamera-Kindes« in den Fotografen und in die eigenen Fähigkeit, sich mit verbundenen Augen zu bewegen, groß genug ist. Es sollte jedem Kind überlassen bleiben, ob es »zur Sicherheit« nicht doch zwischendurch blinzelt und so wieder Orientierung gewinnt.

Bilder aus dem Blätterwald

Im Herbst verlieren die meisten Blätter ihre grüne Farbe. Das Chlorophyll, das für sie verantwortlich war, wird abgebaut und auch in der Wurzel gespeichert. Jetzt kommen gelbe und andere Farben in den Blättern zur Geltung, der herbstliche Wald zeigt sich in seiner ganzen Farbenpracht. Am Boden können wir die Meisterwerke der Natur genauer betrachten. Aus ihnen lassen sich originelle Bilder legen, mit ihren unter schiedlichen Formen und Farben kann man Fantasie-Tiere »zeichnen«.

MATERIAL UND WERKZEUG:

1. Papier oder Pappe
2. Klebstoff

1 Die Suche beginnt: In den Sammelbehälter kommen bunte Blätter, aber auch Rindenstücke, Moosteile und kleine Äste.

2 Jeder denkt sich ein Tier aus und lässt sich bei seiner Wahl von den gesammelten Blättern und Materialien inspirieren. Das eine Blatt sieht aus wie der Körper eines Bären, das andere gleicht den Ohren eines Hasen .... Die Blätter werden dann auf einem Stück Papier den Körperteilen des zukünftigen Tieres gemäß angeordnet.

3 Nun fixiert man die Blätter mit einem Klebestift auf dem Papier. Sie sollten möglichst trocken sein, damit sie nicht im Laufe der Zeit schimmeln oder reißen.

> **Ein bunter, fröhlicher Vogel ist entstanden!**

Märchen von Paula & Paul

Paul, ein armer Bauernsohn, und Paula, eine reiche Müllerstochter, verliebten sich. Doch der Vater von Paula mochte Paul nicht, weil er keine Familie ernähren konnte. Um die beiden Verliebten zu trennen, beschloss Paulas Vater, seine Tochter demjenigen zur Frau zu geben, der ihm drei Beutel Gold zahlen würde – das konnte sich Paul nie leisten. Als Paul bitterlich weinend unter einer Eiche saß, kam der Teufel und fragte ihn, warum er denn weine. Nachdem Paul dem Teufel alles erklärt hatte, bot dieser ihm die drei Beutel Gold im Tausch gegen seine Seele an. Paul wusste, dass man seine Seele nie hergeben darf. So wendete er eine List an und schlug dem Teufel vor, er solle ihm das Geld gleich geben. Seine Seele werde er dann erhalten, wenn die Eiche keine Blätter mehr trage. Der Teufel willigte ein. Die beiden wollten sich immer am Monatsanfang unter der Eiche treffen, um den Zeitpunkt der Seelenübergabe zu bestimmen. Paul brachte das Gold sofort zu Paulas Vater, das Liebespaar hielt fröhlich Hochzeit.

An jedem Monatsersten wartete der Teufel bei der Eiche auf Paul. »Schau die grünen Blätter an der Eiche!«, sagte der den ganzen Sommer. Im Herbst erwiderte Paul: »Schau die gelben Blätter an der Eiche!« Und im Winter verwies Paul auf die braunen Blätter, die zerrupft die Winterfröste überstanden hatten. Im Frühling waren zwischen den neuen grünen Blättern noch immer einige braune am Baum zu sehen. Der Teufel sah voller Zorn, dass er Pauls Seele nie bekommen würde. Wütend wollte er die Blätter mit seinen Klauen herunterschlagen. Aber die Eiche, die sich schon immer darüber geärgert hatte, dass Väter ihre Töchter so einfach verheiraten durften, blieb standhaft. Zwar kerbte der Teufel die Blätter am Rand, aber die Eiche behielt die Blätter, wenn auch ein wenig zerzaust, an ihren Ästen. Paul und Paula lebten glücklich bis ans Ende ihrer Tage. An den Blättern unserer Eichen aber kann man noch heute die Spuren ihres Ringens mit dem Teufel und dem veralteten Heiratsrecht sehen.

(frei nach einem böhmischen Märchen)

Zapfenzielwerfen

Äste, Rindenstücke, Früchte – im Wald liegt immer ein ganzes Arsenal von Wurfgeschossen am Boden. Insbesondere Kiefern-, Lärchen- und Fichtenzapfen haben hervorragende Wurfeigenschaften. Die wahre Kunst des Werfens besteht darin, zielsicher etwas zu treffen. Um das zu üben, gibt es viele Varianten: beispielsweise eine aus Ästen auf dem Boden eingerichtete Zielscheibe mit mehreren Punktringen zu treffen oder das Umwerfen eines in den Waldboden gesteckten Stocks von einem bestimmten Punkt aus.

MATERIAL UND WERKZEUG:

1. Korb mit Tragegriff
2. Seil oder dicke Schnur (ca 2 m lang)

1 Hängen Sie einen Korb an einer Schnur an einem Ast auf. Jeder Mitspieler bewaffnet sich mit einer bestimmten Anzahl von Zapfen und stellt sich an einem vorher festgelegten Punkt auf. Besonders schwierig wird es, wenn dieser Startpunkt beispielsweise ein schmaler abgesägter Baumstumpf ist, den man beim Werfen nicht verlassen darf.

Naturwissen

TANNEN- UND FICHTENZAPFEN

1. Tannenzapfen wachsen stets aufrecht auf dem Ast. Sind sie ausgereift, zerfallen sie ganz einfach, die einzelnen Schuppen segeln mit ihrer Samenfracht zu Boden.
2. Fichtenzapfen fallen als Ganzes zu Boden. Deshalb sind die meisten auf der Erde liegenden Zapfen Fichten- und keine Tannenzapfen.

1

2

2 Jeder darf so lange mit seinen Zapfen werfen, wie er ins Ziel trifft. Wirft er daneben, so ist der nächste Mitspieler dran. Sieger ist, wer als Erster alle seine Zapfen ins Ziel geschossen hat.

TIPP: Besonderen Spaß macht das Zielwerfen, wenn der Korb mit einem kräftigen Schubs zum Schwingen gebracht wird, während die Mitspieler im Kreis um ihn herumstehen. Alle Mitspieler können »einlochen«, wenn der Korb gerade bei ihnen vorbeischwingt. Kommt der Korb zur Ruhe, so werden die Treffer gezählt.

Feenschloss & Trollburg

Neben Tieren und Pflanzen bevölkern Märchen- und Sagengestalten, die der menschlichen Fantasie entsprungen sind, den Wald. Sie leben in verwunschenen Ecken, die Kinder mit Hingabe zu einem Feenschloss oder einer Zwergenhöhle ausgestalten. Die Kinder spinnen dabei die schönsten Geschichten, wie z. B. vom Ritter, der die Waldprinzessin aus den Fängen des Drachens befreit ... Ist erst einmal ein Ort gefunden, der die Fantasie anregt, entwickelt sich alles Übrige wie von selbst.

1 Als Kulisse für Märchen eignen sich z. B. hohle, morsche Baumstümpfe, knorrige Wurzeln am Fuß dicker Baumstämme, kleine Mulden im Waldboden. Ein ausgelegter Moosteppich gibt den Figuren Standfestigkeit.

2 Nach einer Sammelaktion, bei der Moos, Gras, Rindenstücke und andere Waldmaterialien in der Umgebung gesucht werden, entsteht daraus das Bühnenbild für ein Lieblingsmärchen oder eine Geschichte, die man sich gemeinsam ausdenkt. Auch Spielzeugfiguren von daheim können dabei eingesetzt werden. Natürlich kann auch der Kiefernzapfen der dicke König und die rote Beere die liebliche Prinzessin sein.

3 Ist alles fertig eingerichtet, so können die Kinder eine Geschichte nachspielen, die Sie ihnen vielleicht schon einmal zu Hause vorgelesen haben. Gerade klassische Märchen, die oft im Wald spielen, bekommen dadurch eine ganz andere und oftmals tiefere Bedeutung. Zwischen den dunklen Bäumen kann man beispielsweise viel besser nachvollziehen, wie einsam sich Hänsel und Gretel gefühlt haben müssen, nachdem sie im Wald ausgesetzt wurden.

> Ist das Waldschloss eingerichtet, beginnt die Theatervorstellung.

TIPP: Nehmen Sie doch einfach ein Märchenbuch mit auf den nächsten Spaziergang. An geeigneter Stelle können Sie darauf zurückgreifen, wenn Ihnen nicht ohnehin ein altes Märchen aus eigenen Kindertagen einfällt, das Sie frei erzählen können (siehe S. 29). Oder Sie lesen eine spannende Geschichte vor, die im Wald spielt. Mit dem passenden Ambiente werden vielleicht aus chronischen Büchermuffeln begeisterte Leseratten.

Spinnennetze

Das Geäst von Bäumen und Sträuchern, auffällig verzweigt oder fein ineinandergewoben, wirkt oft wie ein Kunstwerk. Sieht man sich die unterschiedlichen Wuchsformen und Gabelungen näher an, entdeckt man kleine und große Meisterwerke, die als Ausgangsmaterial für eigene Kreationen dienen können. So eignen sich beispielsweise Astgabeln und parallel verlaufende Äste hervorragend, um »Spinnennetze« von Menschenhand dazwischenzuflechten.

MATERIAL UND WERKZEUG:
Dünne Fäden oder Schnüre aus verrottbarem Naturmaterial, z. B. Bast

1 Suchen Sie gemeinsam mit den Kindern eine geeignete Astgabel in guter »Arbeitshöhe« , die sich etwa in Armhöhe des Künstlers befinden sollte. Mit einem Bastfaden wird nun ein »Spinnennetz« zwischen den Ästen geknüpft, indem ein Rahmen mit Verästelungen kreuz und quer eingespannt wird. Die Schnüre dienen gleichzeitig als Grundgerüst für das »Kunstwerk«. Die Fäden aus Naturmaterial werden hinterher leicht verrotten, wenn man sie nicht ohnehin wieder entfernt.

2 Zwischen die Bastschnüre werden nun Beeren, Blüten, Gräser und andere Dinge, die in der Umgebung gefunden werden, eingeflochten, augehängt oder eingehängt.

TIPP: Der Wald bietet einen schier unerschöpflichen Vorrat an Formen, Farben und Strukturen und seine »Produkte« laden förmlich zum Sammeln ein. Auch daheim können die Kinder später einmal Mobiles oder Windspiele daraus bauen. Oder verwenden Sie von vornherein einen abgestorbenen Ast; den können Sie bedenkenlos samt »Kunstwerk« mit nach Hause nehmen.

Rubbelbilder

Die Rinde eines Baumes hat immer ein ganz individuelles Aussehen, das von Baumart, Alter und Standort abhängig ist. Sie kann fein gemasert und eher glatt, aber auch rau, buckelig und schroff sein. Bei allen Unterschieden, die sie im Laufe ihres Wachstums erfahren haben, lassen sich die einzelnen Baumarten aber auch an ihrer Rinde erkennen und unterscheiden. Ein Blatt Papier und Buntstifte reichen schon, um wahre Kunstwerke zu produzieren und viel über die Natur der Dinge zu erfahren.

MATERIAL UND WERKZEUG:

1. Papier
2. Buntstifte, Wachsmalstifte oder Malkreiden
3. Klebestreifen oder Nadeln zum Festpinnen

Naturwissen

RINDENARTEN

Bäume kann man auch anhand der Farbe und der Struktur ihrer Rinde bestimmen.

1. Eichenrinde ist grünlich grau und schon früh von tiefen Längsrinnen durchzogen.
2. Kiefernrinde ist braun gefärbt und bei alten Bäumen von tiefen Furchen durchzogen.
3. Buchenrinde ist meist glatt und silbergrau. Alte Astansätze wirken oft wie Augen.

1 Gehen Sie mit den Kindern im Wald an einen Platz, wo es möglichst viele verschiedene Baumarten gibt.

2 Ideal sind Bäume, die mindestens so breit sind, dass man bequem ein Blatt Papier in Augenhöhe auf ihre Rinde legen kann. Es sollte außerdem schon ein paar Tage trocken gewesen sein, sodass keine Feuchtigkeit in der Rinde haftet – sonst würde beim Rubbeln leicht das Blatt zerreißen.

3 Verteilen Sie nun das Papier und die Stifte. Geeignet sind vor allem Bunt-, Wachs- und Kohlestifte. Die Malgeräte sollten nicht zu spitz sein. Gerade jüngere Kinder haben Probleme damit, einen Stift über längere Zeit schräg zu halten.

4 Helfen Sie den Kindern, das Papier mit Klebestreifen oder Nadeln am Baum zu befestigen. Wählen Sie die Höhe so, dass die kleinen Künstler bequem arbeiten können.

5 Zum Abpausen fährt man nun mit den Stiften nicht zu fest über das Papier, bis die Rindenstruktur als Rubbelbild sichtbar wird.

> Beim Schraffieren ergeben sich oft die skurrilsten Muster, die die Fantasie anregen.

6 Im Lauf der Zeit kann man verschiedene Baumrinden abpausen und eine kleine Sammlung zusammenstellen. Auf den Blättern vermerkt man die jeweilige Baumart. Eventuell kann man auch ein Blatt oder einen Baumsamen dazukleben, sodass sich ein vollständiges Porträt des Baumes ergibt.

7 Es macht auch Spaß, wenn die Kinder ihre Bilder austauschen und jedes Kind bestimmen oder auch raten muss, um welche Baumart es sich handelt.

TIPP: Sie können auch die Strukturen von Gräsern, Steinen oder Felsen abschraffieren. Bei der Auswahl sind (fast) keine Grenzen gesetzt.
Wer es wissenschaftlicher mag, kann ein Verzeichnis der im Lieblingswald vorkommenden Bäume erstellen und die verschiedenen Arten mit einem Bestimmungsbuch identifizieren.

Walddetektiv

Viele Tiere verstecken sich, wenn man in ihr Territorium kommt, oder sind hinter der Baumrinde oder unter den welken Blättern am Boden verborgen. Aber man kann ihre Spuren entdecken! Anhand von Fraßspuren lässt sich ihre Lebensweise erkunden. Gleich einem Detektiv kann man ergründen: Wer hat hier was gefressen? Wer hat wen verfolgt? Es geht aber auch sachlicher: Wurde die Haselnuss von einer Waldmaus oder einem Eichhörnchen angenagt?

1 Vom gemeinsamen Standort aus schwärmen alle »Kriminalisten« in verschiedene Richtungen aus und suchen im Umfeld nach Spuren und Besonderheiten. Die gefundenen Spuren werden an Ort und Stelle belassen, ohne den »Tatort« zu verändern.

2 Man markiert die Orte, an denen etwas Auffälliges gefunden wurde, beispielsweise mit einem Stock, sodass man die Stelle später auch sicher wiederfindet.

3 Jetzt nimmt man alle »Tatorte« mit den jeweiligen Spuren gemeinsam in Augenschein. Das »Kriminalteam« versucht nun herauszufinden, welches Tier sich hier aufgehalten und was es gemacht hat.

4 In alten Bäumen befinden sich oft Hohlräume, in denen sich Tiere verstecken können. Gemeinsam überlegen die »Kriminalisten«, wer hier leben könnte.

Naturwissen

DEM TÄTER AUF DER SPUR

Spezialisten können Fraßbilder deuten:

1. Die Larve der Miniermotte frisst Gänge zwischen den Wänden der Blattzellen.
2. Das Eichhörnchen lässt einen zerrupften Fichtenzapfen zurück.
3. Die Waldmaus öffnet die Haselnuss sauber und ordentlich, um an den wohlschmeckenden Kern zu gelangen.

1

2

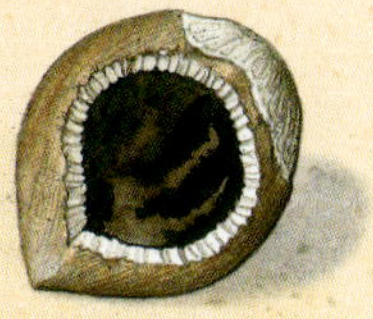

3

Turm bauen

Im Wald finden sich Reisig, Äste und andere Dinge auf dem Waldboden. Gerade die alten Äste eignen sich hervorragend als Baumaterial für Unterstände, Brücken und Türme. Ganz unterschiedlich können die Anforderungen an die Bauwerke sein: möglichst hoch, möglichst stabil, möglichst wenig Material, in der kürzesten Zeit ...

1 Ein Balance-Akt für die ganze Familie ist der »Schaukelturm«: Zunächst werden zwei oder drei Äste so aneinander gestellt, dass sie nicht umfallen. Eine Astgabel am oberen Ende des Astes erleichtert dies ungemein. An ihm legen nun alle Mitspieler vorsichtig weitere Äste an, die nicht herunterfallen dürfen. Wie viele schafft man, ohne dass der Turm einstürzt?
Oder: Die ganze Gruppe baut einen gemeinsamen Turm, der möglichst hoch werden soll.

2 Man kann auch »bunte« Türme bauen, die aus verschiedenen Materialien entstehen sollen. Alle suchen dafür nach herumliegenden Ästen und Stöcken, Holz- oder Rindenstücken oder anderem Baumaterial.

TIPP: Zu beurteilen, wer den schönsten oder kreativsten Turm gebaut hat, verbietet sich eigentlich. Aber wenn die Beurteilung ausgewogen und auch fantasievoll vorgenommen wird, dann erhält letztlich jeder einen »Preis«.

Heckenpunsch

Bunte Hecken bieten vielen Tieren Unterschlupf und Nahrung. Vom Grünfink bis zur Heckenbraunelle reichen die Vertreter aus der Vogelwelt. Daneben finden viele Säugetiere hier ein Versteck und insbesondere im Winter sind die Früchte zahlreicher Heckengehölze beliebte Futterquellen. Auch für Menschen gibt es ein wahres Füllhorn an Beeren und Früchten, die unseren Speiseplan nicht nur im Herbst bereichern können.

1 Sammeln Sie mit den Kindern unterschiedliche Beeren, wie Hagebutten, Kornelkirschen, Himbeeren, Brombeeren. Je nach Alter und Erfahrung der Kinder sollte zunächst eine Beerenart von einem Strauch unter Aufsicht gesammelt werden. Sind die Kinder (und Sie) schon geübt, kann das Sammeln freier gestaltet werden. Zunächst ist aber Vorsicht geboten!

MATERIAL

1. Wasser
2. Honig / Zucker
3. ggf. Apfelsaft
4. Sieb und Topf
5. kleiner Campingkocher

2 Sichten Sie zum Schluss noch einmal alle Beeren und sortieren Sie Unbekanntes zur Sicherheit aus. Entfernen Sie Blätter und kleine Aststückchen, denn sie würden den Punsch bitter machen. Bei Bedarf reinigen Sie die Beeren im Sieb mit dem mitgebrachten Leitungswasser.

3 Danach erwärmt man die Beeren mit etwas Wasser in einem Topf. Bei Bedarf gibt man Apfelsaft und je nach Geschmack ein wenig Honig oder Zucker hinzu. Fertig!

> Kochen im Freien – ein besonderer Spaß.

Naturwissen

VITAMINBOMBE SANDDORN

Die orangeroten Beeren des Sanddorns kann man ab Mitte August ernten. Sie sind ausgesprochen reich an Vitamin C und schmecken fein süß-säuerlich. Da wild wachsende Sträucher unter Naturschutz stehen, muss beim Sammeln auf Sanddornsträucher im Garten oder im Park ausgewichen werden. Viele Vögel fressen im Winter von den Beeren.

VARIANTE HOLLERSIRUP:

Um leckere Getränke zuzubereiten, muss man nicht bis zum Herbst warten, wenn die Früchte reif sind. Hollersirup wird im Frühjahr aus Holunderblüten gekocht, und zwar folgendermaßen:

- 2,5 l Wasser aufkochen und 1 kg Zucker darin auflösen.
- 20 saubere, von Insekten befreite Blütendolden in eine Schüssel geben, das Zuckerwasser darübergießen und 3 TL Zitronensäure einrühren.
- Ca. 3 Tage stehen lassen, abgießen, nochmals aufkochen und heiß in Flaschen füllen. Schmeckt lecker verdünnt mit Mineralwasser!

Xylofon

Die Geschichte der Musik ist fast so alt wie die Menschheit. Es ist anzunehmen, dass Menschen schon früh Musik durch Klopfen, Klatschen oder Trommeln gemacht haben. Ein relativ leicht selbst herzustellendes Musikinstrument ist ein Xylofon. Damit lassen sich mithilfe verschiedener Äste Töne erzeugen, die sich je nach Baumart, aber auch Alter, Stärke und Feuchtigkeitsgrad des einzelnen Astes unterscheiden. Wer weiß, vielleicht klingt ja dasselbe Xylofon je nach Wetter oder Luftfeuchte immer anders?

MATERIAL UND WERKZEUG:
Astschere oder kleine Säge

1 Suchen Sie mit den Kindern alte Äste unterschiedlicher Größe. Durch Klopfen mit einem anderen Ast lässt sich vorab deren Eignung als »Klangkörper« überprüfen. Legen Sie als Grundlage des Astxylofons zwei etwa gleich lange gerade Äste auf eine ebene Fläche am Waldboden. Quer darüber legen Sie die »Klangäste«, geordnet nach Länge und Dicke. Sie sollen hinten und vorne auf den Grundlagenästen, in der Mitte aber keinesfalls am Boden aufliegen.

TIPP: Auch mit Steinen kann man ein Musikinstrument bauen. Wichtig ist auch hier, dass die Klangkörper-Steine auf einer festen Unterlage liegen, etwa zwei länglichen Steinen oder zwei harten Holzstäben. Auf einem weichen Untergrund werden die Schwingungen nämlich geschluckt, anstelle einer klangvollen Melodie entsteht nur ein leises, dumpfes Geräusch. Als Schlegel eignet sich ein anderer Stein oder ein Stück hartes Holz.

> Über den Grundhölzern werden die Klanghölzer aufgereiht. Sie sollten sich nicht berühren.

2 Mit einem Ast, der sich als »Schlegel« eignet, können Sie nun das erste »Waldmusikstück« spielen und bei »Misstönen« ggf. die Reihenfolge der »Klanggäste« ändern. Entscheidend ist der Spaß und nicht die Perfektion! Das gilt auch, wenn bei all zu wildem Spiel das Astxylofon in sich zusammenfällt! Das Musikinstrument ist schließlich schnell wieder aufgebaut.

VARIANTE: Wer ein Astxylofon dauerhaft installieren möchte, kann auch einen Ast zwischen zwei Bäumen quer aufhängen und daran die »Klangkörper-Äste« der Länge nach herabhängend befestigen. Dazu bohrt man diese am besten an, dreht eine Schrauböse hinein und befestigt eine Aufhängeschnur. Auf genügend Abstand zwischen den Klangkörpern achten!

Fühlsack

Unsere Sinne helfen uns, die Umwelt wahrzunehmen und die Welt zu erkunden. Der dominanteste Sinn des Menschen ist der Sehsinn, aber auch das Hören steht hoch im Kurs. Der Tastsinn wird oftmals vernachlässigt, obwohl er gerade zu Beginn der menschlichen Entwicklung elementar ist, wenn Babys ihre Umgebung ertasten und erfühlen. Hier ein Spiel, das taktile Fähigkeiten bei größeren Kindern und Erwachsenen fördert, um die Welt wirklich »begreifen« zu lernen.

MATERIAL UND WERKZEUG:
Stoffsäckchen, Beutel, Mütze oder Tücher

1 Die Kinder sammeln ganz unterschiedliche Objekte. Dem Erfindungsreichtum sind keine Grenzen gesetzt. Auch Gegenstände, die man zufällig dabeihat, können ins Spiel eingebracht werden.

2 Alle Gegenstände werden an einem Platz zur Schau gestellt. Jeder Mitspieler erhält die Gelegenheit, sie sich genau einzuprägen. Danach steckt man alle Teile in Stoffbeutel oder eine Mütze. Oder sie werden so mit einem Tuch verhüllt, dass die Mitspieler sie nicht mehr sehen können.

3 Nun betasten und befühlen die Kinder nacheinander die Gegenstände. Paarweise oder in der Gruppe versuchen sie nun, die verborgenen Schätze einen nach dem anderen zu erraten.

4 Anfangs kostet es etwas Überwindung, in den Sack zu greifen: Ist etwa etwas Spitzes darin? Oder etwas, was sich unangenehm anfasst? Nur Mut! Ganz zum Schluss kommt die Auflösung: Richtig geraten oder nicht?

Für Gruppen

- Jeder sucht sich einen Stein und prägt sich seine Besonderheiten genau ein.
- Alle Steine werden eingesammelt und dann nach dem Zufallsprinzip an alle Mitspieler ausgegeben.
- Im Kreis stehend werden die Steine hinter dem Rücken weitergegeben. Jeder versucht durch Fühlen, »seinen« Stein zu erkennen. Wer ihn gefunden hat, tritt aus dem Kreis.
- Das Spiel ist aus, wenn jeder »seinen« Kieselstein wieder hat – oder man beginnt von vorn.

Gruppenspiele im Wald

Wer mit vielen Kindern im Wald unterwegs ist, sollte einen Treffpunkt wie ein Waldsofa haben, wo sich alle immer wieder einfinden können. Günstig ist es auch, einen Pfiff oder einen Ruf zu vereinbaren, falls jemand unterwegs verloren gehen sollte. Eine zweite Begleitperson ist hilfreich, wenn man oft den Standort wechselt.

1, 2, 3-Spiel

Ein Bereich wird in drei Felder geteilt. Ein Mitspieler denkt sich eine Frage aus und gibt drei Antworten vor, von denen eine richtig ist. Jeder Variante wird ein Spielfeld zugeordnet. Die Spieler müssen sich nach einer Bedenkzeit (z. B. 30 Sekunden) für eine Antwort und damit für ein Feld entscheiden. Nun kommt die Auflösung mit der Begründung, warum nur eine bestimmte Antwort die richtige ist. Nach einer Weile wird der Frager durch einen Mitspieler abgelöst.

Erst rennen, dann entscheiden: Das verwirrt den Gegner.

Auf dem Waldsofa kann man prima Geschichten erzählen.

Waldsofa

Will man länger als nur ein paar Minuten an einem Ort im Wald verweilen oder einen Treffpunkt schaffen, von dem man ausschwärmen kann, so empfiehlt sich die Suche nach einem geeigneten Lagerplatz, der zentral gelegen ist. Ein selbst gebautes »Waldsofa« ist da genau das Richtige. Dafür braucht man eine ausreichend große Freifläche, auf der man ein Fundament »vorzeichnet«: Dazu fassen sich alle an den Händen und bilden einen Kreis. Alle laufen nun in eine Richtung im Kreis und durch das Scharren mit den Füßen entsteht ein Kreis auf dem Waldboden. Auf dieser Kreislinie schichtet man nun Äste und Totholz auf. Ab Kniehöhe verwendet man kleinere Zweige, trockenes Gras und Laub als Polster. Ist das Werk vollbracht, versammeln sich alle im Innenraum und lassen sich gleichzeitig nieder. Nun kann man Geschichten und Märchen erzählen. Es lohnt sich, das Waldsofa nach einigen Wochen oder Monaten erneut zu besuchen um zu sehen, wie es sich durch Wind und Wetter verändert.

Ein Tier, das solche Zähne hat, ist leicht zu erraten.

Scharade

Tiere sehen nicht nur unterschiedlich aus, sie verhalten sich auch ganz unterschiedlich. Ihre typischen Eigenschaften treten zutage, wenn man versucht, sie in einer Scharade darzustellen. Dazu denkt sich jeder Teilnehmer ein Tier aus und schreibt dessen Namen auf ein Blatt Papier.
Der Spielleiter lässt ein Tier aus dieser Auswahl von einem Teilnehmer pantomimisch darstellen. Die anderen versuchen, das Tier zu erraten. Liegt ein Rater richtig, so stellt er »sein« Tier dem Publikum vor.

Waldolympiade

Entlang eines Parcours« werden mehrere Stationen aufgebaut, an denen beispielsweise Zapfenzielwerfen (siehe S. 30), Astgabelkreis (siehe S. 20) und Turmbau (siehe S. 40) aufgebaut sind. Man kann auch noch eine »Baumstamm-Balancier-Strecke« einbauen oder eine bestimmte Fläche abstecken, die mit Hilfe von Baumscheiben oder Holzstücken überwunden werden muss, ohne den Waldboden zu berühren. Ebenfalls gut geeignet ist eine Strecke, die man mit einem Eierlauf zurücklegt, allerdings werden dabei Tannenzapfen o. Ä. auf zwei Holzstöcken balanciert und dürfen nicht zu Boden fallen. Es spielen entweder Teams oder Einzelne gegeneinander; die Sieger bekommen einen Klettenlabkraut- oder Blätterkranz (siehe S. 114; die »Reserve-Sieger« eine Rinden- oder Blatt-Medaille.

Eichhörnchen

An zwei Spielergruppen wird eine bestimmte Anzahl von Nüssen, aber auch Bonbons oder Schokokugeln verteilt. Jeder Gruppe wird ein abgestecktes Spielfeld zugewiesen. In diesem »Territorium« verstecken die Eichhörnchen bzw. die Mitspieler ihre »Nüsse«. Sind alle Nüsse versteckt, tauschen die beiden Gruppen die Spielfelder und suchen nun nach der versteckten »Beute«. Hat jedes Eichhörnchen eine vorher bestimmte Anzahl (z. B. mindestens drei) Nüsse gefunden, ist sein Überleben während des Winters gesichert. Hörnchen, die weniger oder keine Nüsse finden, müssen leider verhungern! Oder aber sie verbünden sich gleich zu Suchtrupps und teilen die Beute. Bei sehr kleinen Kindern sollte sichergestellt sein, dass auch sie genügend Nüsse finden können, denn wer identifiziert sich schon gerne mit einem verhungernden Eichhörnchen ...?

Wasser

Wasser in einem See, Bach, Tümpel, Teich, Flusslauf, ja sogar das Wasser in einer Regentonne löst bei Kindern immer wieder Faszination aus. Man kann darin planschen, es mithilfe von Dämmen aufstauen und seine »Bewohner« entdecken.

Rund ums Wasser

Fast jeder kennt in der Nähe ein kleines oder größeres Gewässer. Je nach Fließgeschwindigkeit und Größe kann man dort mit Kindern die verschiedensten Unternehmungen starten. Von der barfüßigen Frosch- und Kaulquappenexpedition im Frühjahr bis zum Eisschlittern im Winter ist vieles möglich.

Lebenselixier Wasser

Wasser ist die Grundlage der meisten Lebensformen auf unserem Planeten und dient vielen Tieren und Pflanzen als Lebensraum. Im und am Wasser können wir zahlreiche Lebensgemeinschaften beobachten, die durch ihre Wechselbeziehungen faszinieren. Die meisten Wasserläufe und Seen im dicht besiedelten Mitteleuropa sind stark vom Menschen beeinflusst oder wurden erst durch ihn geschaffen. Aber auch solche »Wasserwelten« aus Menschenhand bieten reichhaltige Gelegenheit für Entdeckungen und Erkundung durch große und kleine Naturforscher. Und selbst in kleinen Tümpeln und Pfützen regt sich Leben, sogar das Wasser in der Regentonne lädt zu Experimenten und zum Spielen ein.

LEBENSRAUM FÜR TIERE UND PFLANZEN

Im und am Wasser leben ganz spezielle Tiere und Pflanzen, die bei einem Ausflug zum nahe gelegenen Teich oder Bach das besondere Interesse der Kinder wecken. Am augenfälligsten sind große und kleinere Wasservögel wie Graureiher, Schwäne, Gänse und Enten, die schon kleine Kinder faszinieren und die sogar im Winter, bei Minusgraden, zum Besuch am See verlocken. Bei näherem Hinsehen gibt es auf und im Wasser noch viele weitere Tiere zu entdecken: Wasserläufer, Gelbrand- und andere Schwimmkäfer, Libellen- und Mückenlarven, Kaulquappen, Frösche, Kröten, Fische … Manche Tiere wie die Libellenlarven geben uns beim ersten Anblick richtig gehende Rätsel auf, um was für eine Art Lebewesen es sich hier wohl handelt. Umso größer ist der Eifer und nachher das Erfolgserlebnis der kleinen Naturforscher, wenn ein solches Geheimnis gelüftet ist. Halten Kinder zum ersten Mal einen selbst gefangenen Frosch in der Hand, ist das meist eine unvergessliche Erfahrung – es versteht sich von selbst, dass auch hier gleich der sorgsame Umgang mit der Natur und ihren Geschöpfen spielerisch eingeübt und das Tier nach eingehender Betrachtung wieder behutsam in seinen Lebensraum entlassen wird. Eines der faszinierendsten Wunder im Tierreich, die Metamorpho-

› Eine aus dem Garten »entwischte« Seerose findet man manchmal in »wilden« Teichen.

se, also die Verwandlung einer kiemenatmenden, im Wasser schwimmenden Kaulquappe in einen über eine Wiese hüpfenden, lungenatmenden Frosch, können die Kinder bei wiederholten Besuchen an einem Gewässer hautnah miterleben, wobei sie meist aus dem Staunen kaum mehr herauskommen. Auch Pflanzen des Lebensraums Wasser können Kinder neugierig machen. Seien es wilde Pfefferminze oder Brunnenkresse, die für Tee oder Salat gesammelt werden können, Schilf oder Rohrkolben, deren hohle Stiele und Stängel man für die Befüllung eines Insektenhotels verwenden kann, oder Teichrosen und Algen, die, frei schwimmend oder mit ihren Wurzeln im Teichgrund verankert, ein geheimnisvolles Leben führen, so ganz anders als die Pflanzen an Land. Nicht weniger spannend sind die Eigenschaften des Wassers selbst, die sich mit vielen Experimenten herausfinden lassen. Von simplen Fragestellungen wie: »Was schwimmt? Was geht unter?« bis hin zur Oberflächenspannung und Wellenbildung vermag das Element Wasser Kinder immer wieder in seinen Bann zu ziehen.

> Die Spannung ist immer wieder groß: Was ist uns dieses Mal ins Netz gegangen?

UNTERSCHIEDLICHE GEWÄSSERTYPEN

Grundsätzlich unterscheiden sich die Lebensgemeinschaften von stehenden oder fließenden Gewässern. Eine besondere Form mit stark ausgeprägten Übergängen bilden die in unseren Breiten seltenen Flussauen, die durch zeitweilige rasante Überschwemmungen, Ruhephasen mit stehendem Wasser und erneutes Austrocknen geprägt sind. Hier ist oftmals wieder der Biber als »Baumeister« am Werk, der seinen Lebensraum selbst gestaltet.

Kleine Tümpel und schmale Bachläufe eignen sich besonders für junge Naturforscher zum weitgehend eigenständigen Erkunden. Sind hier doch die Gefahren, anders als die, die von tiefen oder reißenden »Wasserfluten« ausgehen, überschaubar. Vielerorts sind solch geeignete Bachläufe und Teiche durch Umweltschutzbehörden oder Naturschutzverbände extra ausgewiesen und werden durch einen Steg oder ähnliche Baumaßnahmen gefahrlos zugänglich gemacht. Informationen erhalten Sie bei den regionalen Umwelt- oder Tourismusplattformen. Sie sollten jedoch immer die beim Aufenthalt in Wasserlandschaften notwendige Umsicht walten lassen und insbesondere kleine Kinder niemals – auch nicht für kurze Zeit – unbeaufsichtigt im Uferbereich sich selbst überlassen. Es empfiehlt sich auch eine Sondierung des näheren Umfeldes, kann doch der Uferbereich ein Stück abseits des »Forschungsareals« nicht mehr seicht und leicht zugänglich sondern steil abfallend und damit gefährlich für Kinder sein. Bei herbstlichem Wetter ist zumindest der entspannte Teil des Ausflugs schnell vorbei, wenn das Kind in den Teich oder Bach gefallen ist. Bitte beachten Sie: Extra ausgewiesene Naturschutzbereiche und Ruhezonen für die Wasser liebende Tierwelt dürfen – entweder ganzjährig oder zu bestimmten Zeiten – nicht gestört werden.

Gerade zum Üben des Umgangs mit Kescher und Becherlupe bieten sich von Mitmenschen ohnehin stark frequentierte Uferbereiche an. Zum einen sind diese Gebiete im Vorfeld durch Generationen von Badegästen auf ihre Sicherheit praktisch getestet. Zum anderen finden sich hier regelmäßig keine besonders geschützten Tiere oder Pflanzen, die durch noch ungeübte Forscherhände Schaden nehmen könnten. Aber auch hier gilt, wie in allen anderen Naturbereichen: leben und leben lassen!

Tiere & Pflanzen im und am Wasser

Ob im, am oder unter Wasser: Tiere und Pflanzen gibt es überall reichlich. Manche von ihnen sowie ihre ganz besonderen Lebensumstände entdeckt man allerdings erst auf den zweiten Blick.

3. Wahre Unterwasserwelten schafft die Wasserpest. Zwischen den Pflanzen, die für Sauerstoff im Wasser sorgen, finden Fische Unterschlupf.

1. An dicken Stielen recken sich die kugeligen Blüten der Teichrosen zwischen ihren Schwimmblättern aus dem Wasser.

2. Der Biber, unser größtes heimisches Nagetier, schafft sich seinen eigenen Lebensraum. Dafür fällt er in meist nächtlicher Nagearbeit bevorzugt Weiden und Erlen. Man bekommt ihn selten zu Gesicht, doch Dämme, Biberbauten und Nagespuren sind deutliche Zeichen seiner Anwesenheit.

4. Der Stichling erhielt seinen Namen wegen der Stacheln, die er auf dem Rücken trägt und die er wie eine Waffe einsetzen kann. Im Frühjahr, zur Paarungszeit, sind die Männchen am Bauch kirschrot gefärbt.

5. Am Rand von Gewässern wächst der Rohrkolben, eine schilfartige Pflanze mit kolbenförmigem Fruchtstand.

6. Wie schillernde blaue oder grüne Pfeile jagen Libellen über dem Wasser dahin. Die Larven der faszinierenden Flugkünstler leben 3 – 5 Monate, bei manchen Großlibellenarten gar mehrere Jahre im Wasser, wo sie Beutetiere bis Kaulquappengröße erlegen.

Methamorphose: Von der Kaulquappe zum Frosch

Flussmurmelbahn

Wasser fließt grundsätzlich nur talwärts. Fehlt es einem Fluss an Gefälle, so bildet sich zunächst ein See. Erst wenn der Wasserstand einen Uferbereich überschreitet, kann das Wasser abfließen und sich ein neues Bett suchen. Das Prinzip von Gefälle, rollender Murmel und fließendem Wasser kann man hervorragend mit einer selbst gebauten Flussmurmelbahn ausprobieren.

MATERIAL UND WERKZEUG:

1. Astschere oder kleine Säge
2. schweres Messer oder kleines Beil mit schlanker Klinge
3. (kleine) Murmeln
4. lange Holzschraube mit abgestumpter Spitze
5. ggf. Schmirgelpapier

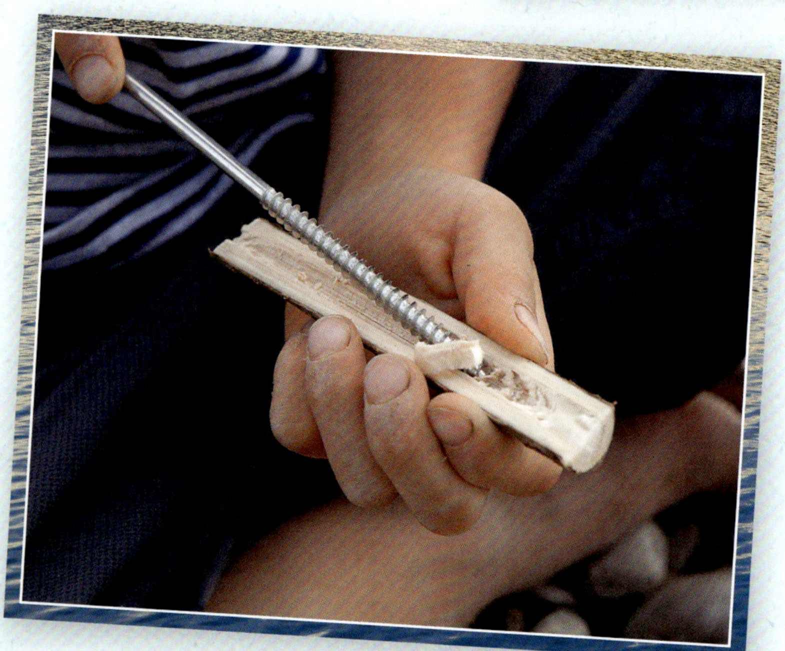

1 Aus fingerdicken Holunderästen schneidet man 10 – 15 cm lange Stücke. Diese werden mit einem kleinen Beil mit schlanker Klinge oder einem schweren Messer der Länge nach in der Mitte gespalten.

2 Die Kinder können nun das weiße Mark in der Mitte der beiden Hälften mit einem Stöckchen herausschaben. Noch besser funktioniert es mit einer langen Schraube, deren Spitze aus Sicherheitsgründen abgestumpft ist. Auf diese Weise entsteht eine Rinne, in der später die Murmel oder das Wasser entlanglaufen kann. Wer will, entfernt die Rinde und glättet die Ecken der Äste mit Schmirgelpapier.

3 Ganze Flussläufe kann man so konstruieren. Wichtig ist ein leichtes Gefälle, damit sich Murmel oder Wasser bergab bewegen können. Zum Aufbauen sucht man deshalb einen leicht geneigten Bodenabschnitt aus.
Ist der Untergrund mit Sand oder Kies bedeckt, können die Holzstücke leicht hineingedrückt werden, sodass sie nicht seitlich verrutschen.

4 Die aneinandergelegten Holunderstücke schaffen eine Wasserrinne oder eine Laufbahn für eine kleine Murmel. Sie rollt besonders reibungslos, wenn die einzelnen Stücke möglichst ohne größere Absätze aneinandergelegt werden oder wenn man möglichst lange Holunderabschnitte verwendet.

TIPP: Später kann man in kleinen Gruppen versuchen, die Segmente frei in der Hand zu halten und so eine »Schwebebahn« zu konstruieren, in der die Murmel entlangläuft, ohne auf den Boden zu fallen.

Zauberbecher

Wasser ist auch aus physikalischer Sicht ein ganz besonderer Stoff und bietet uns eine Menge interessanter Einblicke. Ein Phänomen, das auch schon kleine Kinder fasziniert, ist die Oberflächenspannung des Wassers. Sie ermöglicht es dem Wasserläufer, sich auf der Oberfläche zu bewegen ohne einzusinken. Wie das geht, zeigt dieses Experiment.

MATERIAL UND WERKZEUG:

1. transparenter Becher
2. Gaze (z. B. Insektennetz)
3. Gummiband
4. Frühstücksbrett oder flacher Kunststoffdosendeckel

1 Die Öffnung eines leeren Bechers wird mit engmaschiger Gaze bespannt und mit einem passenden Gummiband fixiert. Nun kann man den Becher zu einem Viertel mit Wasser füllen. Wird der Becher gekippt, fließt das Wasser heraus. Deckt man nun den erneut gefüllten Becher mit einem Deckel ab und dreht den Becher samt Deckel auf den Kopf, so läuft kein Wasser heraus.

2 Selbst wenn der Deckel vorsichtig zur Seite gezogen wird, entweichen nur einige Tropfen. Erst wenn man mit dem Finger gegen die Gaze tippt, läuft etwas Wasser heraus. Wird der Becher nun geneigt, fließt das Wasser ab einem bestimmten Winkel heraus. Der Becher ist wieder leer.

Naturwissen

SO FUNKTIONIERT'S

Durch die Oberflächenspannung bilden sich kleine »Wasserhäute« zwischen den Fäden der Gaze, die Löcher werden so bedeckt. Dies kann man im Gegenlicht bei feuchter Gaze sehen! Außerdem drückt der äußere Luftdruck gegen diesen Wasserfilm und hält die darüberstehende Flüssigkeit im Becher, auch wenn dieser auf den Kopf gestellt wird.

Oberflächenspannung und äußerer Luftdruck halten aber nur einem gewissen Druck des Wassers stand, darum sollte ein tiefer Becher auch nur zum Teil gefüllt werden.

Kieselsteinbogen

Wie man einen Turm baut, haben die meisten Kinder schon mit Bauklötzen geübt. Mit unregelmäßigen Natursteinen, wie man sie am Ufer von vielen Flüssen findet, ist das schon ein wenig schwieriger. Eine der anspruchsvollsten »architektonischen« Konstruktionen ist der frei stehende Bogen aus Kieselsteinen. Probieren Sie es aus! Es ist noch kein Baumeister vom Himmel gefallen!

1 Als Erstes sammelt man flache Steine verschiedener Größe am Ufer. Wer will, sortiert sie vor dem Bau noch nach Farben.

2 Als zweiten Schritt fertigt man eine Unterkonstruktion aus Sand oder Kieselsteinen. Die Unterkonstruktion (»Sandhaufen«) ist so geformt wie die Unterseite des späteren Bogens. Entlang der Konstruktion schichtet man mit flachen, sich dachziegelartig überlappenden Steinen zunehmend steiler werdende Türme auf, am besten abwechselnd von beiden Seiten, bis die schrägen »Türme« sich oben fast berühren. Zuletzt wird vorsichtig der Abschlussstein gesetzt, der die Bogenhälften verbindet.

3 Ist der Bogen aus flachen Steinen über die Unterkonstruktion gespannt, kann man diese vorsichtig entfernen. Dazu wird das Füllmaterial mit den Händen herausgebuddelt! Das erfordert höchste Konzentration – wie beim Mikado-Spielen! Jeder kleine Stoß oder Schubser kann den Bogen zum Einstürzen bringen.

> Dieses Mal hält der Bogen ganz bestimmt

4 Wahrscheinlich wird der erste frei stehende Bogen im Vorfeld von zahlreichen »Ruinen« und eingestürzten Vorgängerbauten begleitet sein. Ist endlich ein Bogen gelungen, so können Sie Ihren Erfolg fotografieren und das Ergebnis mit Blumen, Gras und anderen Materialien verschönern.

Kinderfloß

Ein eigenes Floß bauen – davon träumen viele Kinder. Als Baumaterial eignen sich trockene Äste oder frische Holunderzweige. Deren weiches Mark verleiht nämlich auch frischen Zweigen Auftrieb. Oberste Maxime: Selber machen ist wichtig! Lieber ein eigenwilliges Floß, das nicht allen »Regeln der Floßbaukunst« folgt, als ein perfektes Floß, das ein Erwachsener gebaut hat. Hier eine einfache Bauanleitung als Anregung.

MATERIAL UND WERKZEUG:

1. Garten- oder Astschere
2. Bindfaden
3. Messer, ggf. Akkubohrer

1 Die Kinder – kleinere mit Unterstützung – schneiden 4 – 6 fingerdicke Aststücke auf ca. 15 cm Länge zu. Ans Ende einer dünnen Schnur knotet man nun eine Schlaufe. Zieht man das lose Ende der Schnur durch die Schlaufe, so erhält man eine sich festziehende Schlinge. Diese legt man um ein Aststück und zieht sie fest.

2 Die übrigen Aststücke umschlingt man in Form von Achterwellen mehrmals und verbindet sie dadurch. Abschließend zieht man das Ganze fest, wodurch die Aststücke dicht aneinanderrücken, verknotet die Schnur und schneidet das Ende ab. Das andere Ende der Aststücke verbindet man ebenso miteinander. Diesmal ist es etwas schwerer, da die gegenüberliegende Seite schon verknotet ist. Fertig ist das Floß!

3 Natürlich sieht das Floß viel schöner aus, wenn man es noch mit einem Mast aus einem dünnen Zweig versieht. Der wird einfach zwischen die Floßplanken gesteckt. Oder man bohrt in einen der mittleren Äste ein kleines Loch, in das der Mast gesteckt wird. Als Segel eignet sich ein größeres Blatt, in das vorsichtig zwei kleine Löcher zum Durchstecken des Astes gemacht werden.

4 Klar, dass so ein Floß auch sofort ausprobiert werden muss. Wer will, kann auch gleich Wettfahrten veranstalten. Allerdings muss dann jemand am Ziel stehen, um die Floße in Empfang zu nehmen. Wäre doch schade, wenn sie einfach davongetragen würden.

INFO: Haben Sie gewusst, dass vor der Erfindung der Eisenbahn viele schwere Güter mithilfe von Holzflößen transportiert wurden? Wie die Flößer ihre Gefährte über Untiefen und Stromschnellen bewegten, kann man noch an einigen alpennahen Flussabschnitten erleben. Heute werden allerdings nicht mehr Handelswaren, sondern Touristen – mit oder ohne Blasmusik – flussabwärts transportiert.

Hasenohren 3D

Leises Plätschern oder lautes Rauschen. Selbst wenn man den Fluss nicht sieht, weiß man, in welcher Richtung er sich befindet. Wie funktioniert das mit dem räumlichen Hören? Ist die Größe der Ohren dafür entscheidend oder sind Tiere, die ihre Ohren in eine bestimmte Richtung drehen können, im Vorteil? Wir wollen es herausfinden!

1 Fordern Sie die Kinder auf, sich für eine kurze Zeit auf die Geräusche der Umgebung zu konzentrieren und dann aufzuzählen, welche verschiedenen Geräusche sie an diesem Ort wahrnehmen. Bei geschlossenen Augen hört man mehr! Nun können alle beschreiben, was sie gehört haben. Neben den Geräuschen des Wassers sind auch Vögel, Insekten oder Hundegebell zu hören.

2 Jetzt verwendet man die Hände als Schalltrichter und schaut, ob sie beim Orten der Geräuschquelle helfen. Dazu werden die Hände flach geschlossen, mit den Fingerspitzen nach oben und mit den Handinnenflächen nach vorne hinter die Ohren gelegt. Danach werden die Handinnenflächen nach hinten gedreht und vor die Ohren gehalten – ganz ähnlich macht das ein Hase, der seine Ohren erst nach vorn und dann nach hinten dreht.

3 Das Plätschern wird dann am lautesten sein, wenn die zu Schalltrichtern geformten Hände in Richtung Gewässer weisen. Der Schalltrichter bündelt und verstärkt die Geräusche, so kann man die Geräuschquelle besser orten.

Naturwissen

TIERISCH GUT HÖREN

Viele Tiere haben »eingebaute« Schalltrichter und »drehbare« Ohren:

1. Luchse haben dank ihrer Pinselohren ein ausgesprochen gutes Gehör.
2. Mit seinen langen »Löffeln« hört der Feldhase in alle Richtungen.
3. Die Federbüschel des Uhus leiten Schallwellen direkt in die Gehörgänge.

Astgabellibelle

Im Frühling und Sommer brummt und summt es überall. Am Wasser können wir vor allem das Sirren von Libellen hören. Bei den großen Exemplaren meint man, jeden einzelnen Flügelschlag, dem Knistern von Brotpapier gleich, zu vernehmen. Aus einer Astgabel, einem Stück Schnur und einem Luftballon lässt sich ein fantastisches »Musikinstrument« bauen, das die Vielfalt der Insektengeräusche nachahmt.

MATERIAL UND WERKZEUG:
1. Luftballon
2. Bindfaden
3. Gartenschere
4. Bohrmaschine und Bohrer (ca. 2mm)

1 Zunächst sucht man eine dünne Astgabel (ca. 8 mm dick), in Form und Aussehen ähnlich einem Y. An der Basis dieser Gabel wird ein kleines Loch (1 – 2 mm) gebohrt und darin eine ungefähr 1 m lange Schnur befestigt.

2 Nun schneidet man mit einer Schere aus einem neuen, noch flach zusammen liegenden Luftballon einen schmalen, ca. 2 mm breiten Streifen aus dem Bereich mit dem größten Durchmesser. Zieht man den Streifen auseinander, so hält man einen geschlossenen Ring in den Händen.

3 Dieser Gummiring wird nun gleichmäßig, ohne ihn zu verdrehen, über die drei Enden der Astgabel gelegt. Ein bisschen Geduld braucht man dafür, denn an irgendeiner Ecke rutscht der Gummiring am Anfang immer wieder herunter.

TIPP: Lässt man nun die Astgabel an der Schnur durch die Luft kreisen, so entsteht ein Brummton. Die Frequenz der Töne hängt vor allem von der Drehzahl, mit der die Astgabellibelle bewegt wird, ab. Die Töne können denen einer kleinen Mücke, einer schnellen Libelle oder einer dicken Hummel gleichen

Naturwissen

LIBELLEN – MEISTER DER LÜFTE

Ihr bemerkenswerter Flugapparat ermöglicht es einigen Libellenarten sogar rückwärts zu fliegen.

Da sie ihre beiden Flügelpaare unabhängig voneinander bewegen können, sind schlagartige Wendemanöver, ein Verharren in der Luft und Maximalgeschwindigkeiten von bis zu 50 km / h keine Seltenheit!

4 Geübte »Libellenbauer« können sich auch an einer größeren Anzahl von Astansätzen, über die dann mehrere herausgeschnittene Gummiringe gezogen werden, versuchen.

Farbkreis & Mandala

Die Natur hält ein großes Repertoire an Farben und Formen bereit. Arrangiert man etwa Steine oder Blumen auf einer Kiesbank, so entstehen unerwartete geometrische Figuren. Angeregt durch religiöse Rituale fernöstlicher Kulturen, erfreut sich diese Technik steigender Beliebtheit. Kinder lieben es, sich auf diese Weise mit der Natur zu beschäftigen, konzentriert nehmen sie dabei Formen und Farben der Objekte in sich auf.

1 Jeder sucht ein oder mehrere Laub- und Blütenblätter, die ihn farblich besonders ansprechen. Gemeinsam werden von den gesammelten Blättern einige ausgewählt und nach der Farbskala von Rot, Rotbraun, Orangefarben über Gelb bis Grün und Blau angeordnet. Nun suchen die Kinder weitere Blätter, die entweder genau zu den vorgegebenen Farben passen oder Übergänge zwischen den einzelnen Hauptfarben bilden. Als Figuren eignen sich Kreise oder Spiralen.

2 Auch Labyrinthe oder Darstellungen von Tieren können mit Blättern oder anderen Materialien gelegt werden. Ob es der Fisch aus Kieselstein oder die Eule aus Blättern sein soll, bleibt der Fantasie überlassen. Einzige Begrenzung sind die vor Ort zur Verfügung stehenden Materialien. Die »Landart-Objekte« verbleiben vor Ort, Fotos können an einen kreativen Nachmittag erinnern.

Suchspiel

Der Wirrwarr von Kieselsteinen am Flussufer bietet hervorragende Verstecke für die Tierwelt. Viele Bodenbrüter legen ihre Eier beispielsweise einfach zwischen die Steine. Trotz fehlender weiterer Tarnung nehmen wir Menschen und auch potenzielle Beutegreifer die Gelege dieser Vögel nicht wahr. Auch viele Insekten nutzen die »Schwäche« des Auges, gleichfarbige Dinge vor unübersichtlichem Hintergrund zu entdecken. Schauen wir mal, ob es Ihnen und Ihren Kindern gelingt.

MATERIAL UND WERKZEUG:
1. einige Alltagsgegenstände von zu Hause
2. ggf. Taschenspiegel

1 Nehmen Sie zehn Alltagsgegenstände von zu Hause mit: Die Auswahl kann von Spielzeug über Werkzeuge bis zu Wohnaccessoires reichen. Diese zehn Dinge verstecken Sie in einem vorher festgelegten Suchfeld. Oft reicht es auch, sie einfach nur neben Blättern und Gras zu »deponieren«, um sie für den ersten, flüchtigen Blick nahezu unsichtbar werden zu lassen.

Für Gruppen

- Markieren Sie mit Stecken oder Steinen zwei etwa gleich große Spielfelder.
- Jede Gruppe versteckt in ihrer Fläche eine bestimmte Anzahl Gegenstände, beispielsweise Bonbons.
- Nun werden die Flächen getauscht und die Gruppen suchen die versteckten Objekte der jeweils anderen.
- Gewonnen hat, wer zuerst sämtliche Bonbons gefunden hat. Gemeinsam sucht man nun die noch versteckten Bonbons.

2 Für besonders Geübte legen Sie einen randlosen Taschenspiegel so zwischen die Steine oder Gräser, dass die Umgebung gespiegelt wird. Wahrscheinlich wird der Spiegel als letzter Gegenstand entdeckt. Eine (süße) Herausforderung sind auch Eier aus Zuckerguss, die dem Natur-Vorbild wie »ein Ei dem anderen gleichen«. Sie können diese ebenfalls zwischen die Kieselsteine legen und danach suchen lassen.

> **Auch Haarspangen sind wunderbare Suchobjekte.**

Märchen vom goldenen Frosch

Der kleine grüne Frosch Fritz saß jeden Tag auf seinem Seerosenblatt und freute sich seines Lebens. Alle Tiere, vom knurrigen Karpfen über die schnatternde Ente bis zum stolzen Schwan, mochten ihn. Nur morgens war es für Fritz gefährlich, denn da kam der Storch Adebar; und der hatte kleine Frösche zum Fressen gern!
Eines Tages kam ein neuer Besucher in den Teich, sein Besitzer hatte ihn dort ausgesetzt. Es war Gunther, der Goldfisch! Fritz wusste sofort, dass er von dem schön schimmernden Neuling nichts zu befürchten hatte. Darum grüßte er hocherfreut und fragte, ob Gunther ihm ein paar von seinen goldenen Schuppen abgeben wolle. Gunther behagte das aber gar nicht. Er war nämlich eitel und wollte seine schönen Schuppen für sich behalten.

Eines Nachts schwamm Fritz deshalb zum schlafenden Gunther. Vorsichtig zupfte Fritz ihm einige Schuppen ab und klebte sie sich selbst an. Zufrieden saß er auf seinem Seerosenblatt, betrachtete sich im Wasser und schlief darüber ein. Am nächsten Morgen kam Adebar und erspähte den gold glänzenden Fritz sofort. Der Storch schnappte nach ihm, erwischte aber nur den rechten Zeh. Fritz zappelte so sehr, dass sich sämtliche goldene Schuppen von ihm lösten und als Wolke auf das Wasser sanken. Adebar ließ daraufhin Fritz vor Schreck los. Der wieder grüne Fritz fiel ins Wasser, tauchte ab und ward vom Storch nicht mehr gesehen. Glücklich und grün lebte er bis an sein Ende! Die Moral von der Geschichte: Fremde Federn und fremde Schuppen schmücken nicht!

(frei nach Otto von Frisch)

Keschern

Solange das Wasser noch nicht die optimale Badetemperatur erreicht hat, ist das Keschern nicht nur bei Kindern sehr beliebt. Mit einem Kescher lässt sich ein Teil der Unterwasserwelt herausholen und in einem kleinen Gefäß genauer in Augenschein nehmen. Achten Sie dabei immer auf schonenden Umgang mit den Wasserlebewesen!

MATERIAL UND WERKZEUG:

1. Kescher
2. Becher oder kleiner Eimer (möglichst transparent)
3. Pinsel
4. ggf. Becherlupe und Bestimmungsbuch

1 Suchen Sie zunächst eine Stelle am Teich oder Tümpel, an der die Kinder trockenen Fußes keschern können. Besonders geeignet sind kleine Stege im Uferbereich oder flache Stellen, die mit Gummistiefeln begangen werden können. Meiden Sie plötzlich und steil abfallende Ufer. Die Kinder ziehen den Kescher langsam und in unterschiedlicher Tiefe durch das Wasser.

2 Nach erfolgreicher Jagd wird die Beute im Kescher begutachtet und zum näheren In-Augenschein-Nehmen in eine Becherlupe oder einen kleinen Eimer gegeben. Nach kurzer Betrachtung müssen Tiere und Pflanzen aber unbedingt wieder in die Freiheit und ihr »wahres Element« entlassen werden.

Naturwissen

LEBENSRAUM WASSER

Keschert man in Teichen, so gehen einem oft Posthornschnecken, deren Haus aussieht wie das Logo auf den gelben Postautos, ins Netz. Diese Schneckenart ist äußerst anpassungsfähig, was die Wasserqualität angeht. Nur stark fließende Gewässer mögen die Tiere nicht, weil sie sich dort mit ihren hohen, linksgewundenen Gehäusen nicht halten können. Die Posthornschnecke lebt vor allem von Algen und abgestorbenen Pflanzen, die Überwinterung erfolgt im Schlamm.

Staudamm bauen

Schon immer hat es die Menschen fasziniert, es dem Biber gleich zu tun und Dämme zu errichten. Gerade Kinder haben große Freude daran und können dabei das Verhalten des Wassers beobachten. Hält der Damm? Wie lange dauert es, bis sich das Wasser einen neuen Weg sucht, wenn der Dammbau erst einmal geglückt ist? Werden Tiere vor Ort das neue Bauwerk begutachten? Fragen über Fragen!

Naturwissen

BAUMEISTER BIBER

Der Biber schafft und gestaltet Lebensraum für viele andere Tiere und unterstützt dabei oftmals Renaturierungsmaßnahmen aus Menschenhand. Vielerorts bieten Biberbeautragte oder lokale Umweltbehörden Biberführungen an. Dabei erhält man Einlass ins Reich des großen Nagers und erfährt viel Wissenswertes.

> **Ein sicherer Stand ist für jeden Baumeister die Voraussetzung für gute Arbeit!**

1 Suchen Sie einen kleinen Bach auf, der zum Dammbau geeignet ist und wo »Baumaßnahmen« erlaubt sind. Allein die Suche nach der geeigneten Stelle macht viel Spaß! Nachdem mit großen Steinen oder Baumstammstücken die »reißende Flut« ein wenig gebändigt ist, müssen mit kleinerem Material wie Ästen oder kleinen Stöcken und Kieselsteinen die Löcher und Ritzen gestopft werden. Mit etwas Gras oder Laub und Matsch oder Sand werden die letzten Rinnsale von innen gestoppt. Fertig ist der Damm!

2 Das Einreißen der Dämme und die damit einhergehende »Flutwelle«, die man am besten »mitten drin«, erlebt, ist ein Riesenereignis. Auf jeden Fall sollte der Damm am Ende beseitigt und das Gewässer wieder in seinen Urzustand gebracht werden.

Bunte Kieselsteine

Die Vielfalt an Formen und Farben der Kieselsteine, die man an vielen Flussläufen findet, ist schier unerschöpflich. Gelegentlich stechen einem einzelne mit seltener Färbung ins Auge. Noch interessanter wird es, wenn wir einige Steine anmalen. Diese kleinen Kunstwerke treten nicht nur optisch hervor, sondern auch die Umgebung selbst wird durch einen einzelnen bunten Stein anders wahrgenommen.

MATERIAL UND WERKZEUG:

1. Farbe (umweltfreundlich, lebensmitteltauglich)
2. Pinsel

1 Suchen Sie zusammen nach Steinen, deren Form und Größe Sie zum Anmalen inspiriert. Die Steine werden mit unterschiedlichen Farben angemalt. Nachdem sie getrocknet sind, legt man die bunten Steine in einem bestimmten Areal aus. Die übrigen Teilnehmer versuchen auf einen Blick zu erraten, wie viel »fremde« Steine ausgelegt wurden. Wahlweise kann auch ein kleines »Landart-Ensemble« arrangiert werden.

2 Besonders wirkungsvoll und auffallend sind rein gelbe oder rote Steine. Das Design bleibt jedem Künstler aber selbst überlassen. Wer möchte, nimmt die »Lieblingsstücke« hinterher mit nach Hause. Hier kann man bei Bedarf die Farbe mit Klarlack fixieren.

VARIANTE: Wer Geduld und Fingerspitzengefühl mitbringt, kann die Steine auch auf »natürliche« Weise einfärben. Dazu sucht man vorab viele bunte Blütenblätter. Gut geeignet sind z. B. Löwenzahn, Klatschmohn, Heckenrose, Wilde Malven, Margeriten oder Gänseblümchen. Die Steine werden dann mit etwas Wasser befeuchtet und die zuvor abgezupften Blütenblätter vorsichtig ringsum und möglichst flächendeckend daraufgelegt. Sie bleiben an der feuchten Oberfläche kleben. Man kann auf diese Weise auch kunterbunte Steine herstellen.

Leben unterm Eis

Auch wenn Teiche und Seen zufrieren, verlässt das Leben sie nicht gänzlich. Viele Wasserlebewesen schalten in der Winterzeit in einen »Energiesparmodus« um, andere scheinen sich bei Eis und Schnee erst richtig wohlzufühlen. Ein ganz besonderes Vergnügen ist es für viele Kinder, auf zugefrorenen Gewässern zu schliddern und zu rutschen; durch ein Eisfenster kann man einen Blick in die stille Unterwasserwelt werfen.

MATERIAL UND WERKZEUG:

1. Besen
2. Flasche mit Wasser
3. ggf. Schneeschieber

1 Im Winter kann man trockenen Fußes dort entlanggehen, wo sich sonst nur Enten, Fische und Frösche tummeln! Ist eine Eisfläche als sicher eingestuft und sind die besonderen Verhaltensweisen und Sicherheitshinweise mit den Kindern besprochen, kann der Spaß losgehen. Warnen Sie die Kinder aber ausdrücklich davor, zu einer späteren Zeit noch einmal allein dorthin zu gehen. Die Gefahren bei sich verändernden Eisverhältnissen sind zu groß. Das Eis darf nur in Erwachsenenbegleitung betreten werden.

> **Einfach Anlauf nehmen und übers Eis schlittern: bei Minustemperaturen ein Riesenspaß.**

2 Befreien Sie gemeinsam die Eisoberfläche von Schnee und Harsch. So lässt sich, insbesondere in Ufernähe, ein Einblick in die Unterwasserwelt im Winter erhaschen. Ist das Eis bereits zerkratzt, hilft oftmals leichtes Polieren oder ein wenig Wasser, das darübergegossen wird und dann schnell friert. Mit seiner glatten Oberfläche wirkt das kleine »Eisfenster« wie eine Taucherbrille.

INFO: Mit den Schlittschuhen gleitet man so leicht übers Eis, weil sich unter der Kufe aufgrund des Drucks ein dünner Wasserfilm bildet, der den Reibungswiderstand verringert.

Gruppenspiele am Wasser

Wasser ist ein Element, das für Kinder viele Experimentier- und Spielmöglichkeiten bietet. Voraussetzung bei kühlerem Wetter sind unbedingt Gummistiefel, wenn möglich sollte eine zweite Begleitperson mit dabei sein – ins Wasser gefallen ist schnell jemand, und dann muss einer das durchnässte Kind »trocken legen«.

Feuerwehr

Vor Erfindung der Feuerwehrschläuche mussten die Menschen eine Eimerkette bilden, um die Strecke zwischen Dorfteich und Brandherd zu überwinden. Nicht die Feuerbekämpfung, sondern die Teamarbeit steht bei unserem Spiel im Vordergrund: Zwei Gruppen stellen sich hintereinander auf. Anstatt volle Eimer weiterzureichen, werden volle Wasserbecher in den leeren des Nachbarn umgefüllt. Wer seinen Becher in den des Nachbarn geleert hat, stellt sich am anderen Ende der »Schöpfreihe« wieder an. Gewonnen hat das Team, das am schnellsten eine bestimmte Menge Wasser in ein festgelegtes Ziel gebracht hat.

Hier ist Teamarbeit gefragt: Gemeinsam sind wir stark.

Wasserwelle

Wirft man einen Stein ins Wasser, so folgen dem »Blubb« zumeist ringförmige Wellen. Wie sieht solch eine Welle wohl aus der Perspektive eines Froschs aus? Will man nicht mit einer Taucherbrille ausgestattet ins Wasser steigen, so kann man das Phänomen der Welle sehr gut mit Hilfe eines Seils auch an Land nachbilden. Dazu wird ein mindestens 4 Meter langes Seil zwischen zwei Personen auf den Boden gelegt; die übrigen hocken sich entlang des Seils hin und beobachten dieses. Ein Ende des Seils wird durch ein kurzes Schwingen aus dem Handgelenk (wie beim Schlagen einer Peitsche) in Bewegung gesetzt, während das andere Ende festgehalten wird. Nun läuft ein Wellenberg an den Beobachtern vorbei in Richtung des starr festgehaltenen Endes. Die Rollen werden gewechselt; jeder darf mal die Welle auslösen!

Wichtig ist ein kurzer Schwung aus dem Handgelenk.

Floßwettrennen

Kinder lieben Wettrennen! Also bietet sich an geeigneten Stellen ein Floßwettrennen an. Wie lange braucht mein Floß, um zur nächsten Brücke oder bis zum nächsten Uferbau zu gelangen? Verwendet werden können neben selbstgebauten Kinderflößen auch einfach Blätter oder Zweige. Hängt das Herzblut an den mühsam gebauten Wasserfahrzeugen, sollte sichergestellt werden, dass sie aus den »reißenden« Fluten wieder geborgen werden können.

Ein kleiner Stups – und das Rennen kann losgehen.

Wiese

Kaum ein Lebensraum wirkt auf Kinder so anziehend wie eine Wiese. Quasi auf Augenhöhe und hautnah können sie hier Pflanzen und Tiere erleben. Zu entdecken und zu betrachten gibt es genug: Blumen und Gräser, Falter, Käfer und andere Insekten.

Wiesen-Welten

Eine Wiese ist ein vielschichtiger Lebensraum im wahrsten Sinne des Wortes. Wie in einem Wald mit seinen verschiedenen Etagen tummeln sich auch hier – allerdings im Miniaturformat – die unterschiedlichsten Bewohner auf den einzelnen Stockwerken.

Eine ganz eigene Welt mit vielen Lebensräumen

Die für uns auffälligste, weil sofort sichtbare Ebene ist die Welt der Blumen und Gräser. Hier finden sich vor allem Blütenbesucher, wie Schmetterlinge, Bienen, Hummeln, Fliegen und Heuschrecken, außerdem aber auch samenfressende Vögel wie Grünfink, Distelfink und Goldammer. Räuber, die es auf in dieser Etage lebende Insekten abgesehen haben, sind ebenfalls vertreten: Raubfliegen, Libellen, Spinnen und insektenvertilgende Vögel wie Weißstorch und Neuntöter. Die Tiere in der Ebene darunter, in der Krautschicht, führen ein eher verborgenes Leben, sind sie doch die begehrte Beute zahlreicher Jäger. Schnecken, Schmetterlingsraupen, Blattwespenlarven, Heuschrecken, Blatt- und Rüsselkäfer leben hier ebenso wie Blattläuse. Verfolgt werden sie von Marienkäfern und deren Larven, Schwebfliegenlarven und Schlupfwespen. Die auf dem Boden liegende Streuschicht als dritte Etage ist das Reich der Zersetzer, die abgestorbene Tier- und Pflanzenteile wieder in Humus umwandeln. In diesem Bereich leben Asseln, Springschwänze und Milben, denen Laufkäfer und Ameisen nachstellen. Auch Frösche, Kröten und Blindschleichen gehen hier auf Beutefang. Die Erde selbst schließlich ist das unterirdische Revier von Regenwurm, Käferlarve, Grille, Maulwurf und Feldmaus.

SO ENTSTEHEN WIESEN

Wiesen oder Graslandschaften sind ein eigener Lebensraum, in dem – wie beschrieben – ganz besondere Pflanzen und Tiere vorkommen. Schon bevor der Mensch dauerhafte Wiesen anlegte, die als Weide der Nutztiere oder zum Heumachen für den Winter dienten, gab es Graslandschaften. Auf diesen Flächen verhinderte die regelmäßige Weidetätigkeit der Wildtiere im Zusammenspiel mit bestimmten Klimafaktoren eine Verbuschung und das Aufkommen geschlossener Waldbestände. Ähnlich wie in der afrikanischen Serengeti oder im Westen der USA gab

› Der »Klassiker« beim Spaziergang über eine Wiese ist natürlich der Blumenstrauß.

> Die am Ende wie Schlangenzungen gespaltenen Blütenstempel gaben dem Natternkopf den Namen.

es auch in unseren Breiten Landstriche, die weitgehend baum- und strauchlos und von Graswuchs dominiert waren. Vergleichbar mit wandernden Herden von Gnus, Zebras und Antilopen in Afrika oder großen Büffelherden in den USA übernahmen bei uns in Mitteleuropa hohe Bestände an Rothirschen, Wildpferden und Wisenten die Aufgabe, das Grasland dauerhaft frei von immer höher werdendem Strauch- und Baumbewuchs zu halten.

JEDE WIESE IST ANDERS

Wiese ist aber nicht gleich Wiese. Zum einen hängt die Artenvielfalt davon ab, wie intensiv sie von Landwirten bewirtschaftet wird. Für eine große Artenvielfalt ist eine intensive Nutzung bei gleichzeitigem massivem Einbringen von zusätzlichem Dünger, besonders Stickstoff, nicht günstig. Diese sogenannten Fettwiesen erfreuen uns zwar mit einem gelben Blütenmeer aus Löwenzahn; andere Pflanzenarten sucht man hier aber oftmals vergebens – sie werden ganz einfach verdrängt.

Anders sieht es auf Wiesen aus, die nur einmal im Jahr gemäht werden. Hier findet sich das gesamte Füllhorn unserer Natur. Selten gewordene Bodenbrüter wie Kiebitz, Feldlerche und Wachtelkönig, deren Gelege sonst durch die Mähwerke und die Reifen der Traktoren zerstört werden, haben bei später Mahd auf ihnen eine Chance. Auch zahlreiche Insektenarten finden dort ihren Lebensraum. So gaukeln beispielsweise bunte Schmetterlinge in großer Menge und Artenvielfalt erst dann über eine Wiese, wenn dort viele verschiedene Pflanzenarten wachsen, denn die Tiere benötigen für Fortpflanzung und Eiablage ein ganz bestimmtes Artenspektrum. Verschwindet diese Vielfalt durch die beschriebenen Intensivierungsmaßnahmen oder Verbuschung, verschwinden auch die Falter. Wärmeliebende Reptilien benötigen Freiflächen, damit sie in der Sonne Energie »tanken« können. In den verschiedenen Sonderformen der Wiese wie Trocken- oder Magerrasen finden auch solche Spezialisten Nahrung, Nistplatz und Unterschlupf.

Typische Tiere & Pflanzen der Wiese

Man muss sich nur an einem Sommertag in eine Wiese legen, um die ganze krabbelnde, fliegende, kriechende oder einfach still dasitzende Welt zu entdecken.

3. Lautes Gebrumm veranstalten die Hummeln, die in Staaten leben und sich mit einem Stachel gegen Feinde wehren. In einem Volk leben etwa 50 bis 600 Tiere und eine Königin. Die jungen Königinnen sind die einzigen ihres Volkes, die den Winter überleben. Im nächsten Frühjahr gründen sie neue Völker.

2. In einer sommerlichen Wiese hüpft und springt und zirpt es aufs Vielfältigste. Verursacher sind häufig Grashüpfer, eine artenreiche Unterfamilie der Feldheuschrecken. Ihre Gesänge erzeugen sie durch Reiben ihrer Hinterbeine an den Vorderflügeln.

1. Von Ende Januar bis Ende Juli kann man von morgens bis abends auf Wiesen und Feldern einen wunderbaren Gesang vernehmen. Trillernd und tirilierend schrauben sich die Männchen der Feldlerche, kenntlich an einer aufstellbaren Haube, in die Luft. Die Weibchen antworten leise vom Boden aus.

4. Eine unauffällige Pflanze an Wegrändern und auf Wiesen ist der Spitzwegerich. Seine länglich spitzen Blätter wachsen in einer Rosette. Zwischen Mai und September erscheinen an einem langen Stiel kleine, unscheinbare Blüten.

5. In Hecken am Wiesenrand wächst der Schwarze Holunder, auch Holler oder Hollerbusch, gerne. Schon früh schätzte man seine Blüten und Früchte als Erkältungstee oder als Leckerei. Auch Tiere lieben seine Beeren. Gut zu erkennen ist er an seinem charakteristischen Geruch.

6. Wenn sich die Wiesen dottergelb färben, dann blüht der Löwenzahn. Für zahlreiche Insekten liefert die goldgelbe Pracht Pollen und Nektar. Ist der Löwenzahn verblüht, sieht man im »Pusteblumen«-Stadium seine mit Fallschirmchen versehenen Samen durch die Luft segeln.

1
2
5
4
3
6

Becherlupe

Um die vielen Krabbeltiere, die auf einer Wiese leben, näher in Augenschein nehmen zu können, ist der Gebrauch einer Becherlupe zu empfehlen. Hat man erst einmal ein kleines Insekt gefangen, kann man es vorsichtig in die Becherlupe bugsieren und durch die am Deckel angebrachte Lupe betrachten. Durch die Vergrößerung mit der Lupe wird so manches Detail deutlich, das man vorher einfach übersehen hat.

MATERIAL UND WERKZEUG:

1. Becherlupe oder Jogurtbecher und Vergrößerungsglas
2. kleiner Pinsel

1 Ja, wo sind sie denn alle? Der Jagdeifer ist schnell geweckt, wenn man über die Wiesen streift. Ein weicher Pinsel ist hilfreich, wenn man die kleinen Tiere von Blättern und Gräsern in ein Gefäß befördert.

2 Es gibt die unterschiedlichsten Becherlupen-Modelle. Wichtig ist, dass man beim Verschließen vorsichtig ist. Für einen gepanzerten Wiesenritter ist der Verlust eines seiner sechs Beine nicht erstrebenswert. Statt einer Becherlupe kann man auch einen Jogurtbecher oder ein leeres Marmeladenglas verwenden.

3 Aufgrund des Wissens um das »ausbruchssichere« Gefäß verlieren viele Kinder rasch die anfängliche Scheu vor den kleinen Krabbeltieren. Durch das ruhige Betrachten unter dem Vergrößerungsglas gewinnen sie völlig neue Einblicke in deren Mikrokosmos und erkennen viele interessante Details.

Naturwissen

WER KRABBELT DA?

Viele Insekten leben in den Wiesen. Einige Vertreter sieht man häufig:

1. Der Siebenpunkt-Marienkäfer trägt sieben schwarze Punkte auf den Flügeln.
2. Mehrere hundert Ameisenarten gibt es weltweit, einige auch bei uns. Nur Fachleute können alle auseinanderhalten.

1

2

4 Die Insekten sollten nicht zu lange in ihrem »Gefängnis« belassen und nicht der prallen Sonne ausgesetzt werden. Nach einigen Minuten des intensiven Studiums können sie am Fundort mit einem Dank an ihre »Forschungsunterstützung« wieder frei gelassen werden.

Schnitzen

Das Holz abgebrochener Äste eignet sich hervorragend zum Schnitzen. Es macht Spaß, ein geeignetes Exemplar zu suchen, um ihn dann durch Schnitzereien zu verzieren. Äste und Stöcke zeigen oft die wundersamsten Formen. Wozu lassen sie sich verwenden? Als Lanze oder Wanderstab? Verbirgt sich das Zepter eines Waldkönigs oder Trollprinzen hinter einer skurrilen Form? Verschönern lassen sie sich alle!

MATERIAL UND WERKZEUG:
1. Schnitzmesser
2. Pflaster

1 Beim Schnitzen müssen Sicherheitsregeln eingehalten werden: Das verwendete Holz sollte nicht zu hart sein, gut eignet sich z. B. das des Haselnussstrauchs. Wichtigste Verhaltensregel: Wenn geschnitzt wird, dann wird geschnitzt und nichts anderes – am besten im Sitzen! Keinesfalls im Laufen schnitzen. Wird stehend geschnitzt, sollte man genügend Abstand zum Nachbarn einhalten. Grundsätzlich vom Körper weg schnitzen, also nicht zu Bauch oder Oberkörper hin.

> Nicht vergessen: Immer weg vom eigenen Körper und den Händen schnitzen.

2 Klobige Multifunktionsmesser mit vielen Klingen und integrierten Werkzeugen eignen sich meist nicht besonders gut zum Schnitzen. Zu empfehlen sind Taschenmesser mit maximal zwei Klingen und ergonomisch geformtem Griff. Abgerundete Spitzen vermindern das Verletzungsrisiko ungemein. Bei Klappmessern ist eine feststellbare Klinge hilfreich. Auf jeden Fall sollten sowohl Klingengröße als auch der Handgriff gut zur Kinderhand passen. Das Messer muss scharf sein; stumpfe Messer erhöhen durch größeren Kraftaufwand die Verletzungsgefahr.

3 Streifenmuster gelingen am leichtesten dadurch, dass man zwei parallele Rillen mit der Klinge in die Rinde kerbt. Am besten hält man dabei das Messer am Griff fest in der Hand und drückt gleichzeitig mit dem Daumen auf die Rückseite der Klinge. Zwischen den parallelen Kerben lässt sich die Rinde nun gut entfernen.

Grillen hören

Viele Tiere finden den Partner über das Gehör oder halten akustischen Kontakt zu ihrer Gruppe. So orten beispielsweise Grillen ihren Partner über akustische Signale, Vögel halten im Geäst über Kontaktlaute Verbindung zueinander. Man kann spielerisch ausprobieren, ob einem Ähnliches auch gelingt. Es ist gar nicht so leicht, mit geschlossenen Augen einem akustischen Signal zu folgen und sich nur mit den Ohren im Raum zu orientieren.

1 Zunächst finden sich Paare zusammen, die sich auf ein gemeinsames Tonsignal (Zirpen, Pfeifen) verständigen. Einer gibt dann das akustische Zeichen von sich, während der andere versucht, diesem mit geschlossenen Augen zu folgen.

2 Der »Tongeber« muss dabei aufpassen, dass der, der ihm mit geschlossenen Augen folgt, nicht stolpert oder gegen irgend etwas stößt. Nach einiger Zeit werden die Rollen getauscht.

Naturwissen

WAS ZIRPT DENN DA?

Grillen sind richtige Wiesenmusikanten, die nicht nur eine Abfolge von Tönen von sich geben, sondern ganze Melodien.

Dabei werden die Laute ganz ähnlich wie bei einer Geige erzeugt: Wird bei diesem Instrument der Geigenbogen über die Saite gezogen, entsteht ein Ton, der durch einen Resonanzkörper – in diesem Fall den Geigenkasten – verstärkt wird.

Die Grille besitzt eine sogenannte Schrillader (Bogen) und Schrillkanten (Saiten) auf den Flügelunterseiten. Werden die Flügel gegeneinandergerieben, verstärken die dachförmig aufgestellten Flügel den erzeugen Laut als Resonanzboden und es entstehen die oft zu hörenden zirpenden Grillengeräusche.

Vogelfutter

Viele Vögel benötigen vor allem im Winter unsere Unterstützung. Was liegt da näher, als ihnen bei der Futtersuche zu helfen und vom letzten Spaziergang einiges an Nahrung aus der Natur mitzubringen. Eine Futterstelle ist natürlich immer auch eine gute Gelegenheit, um die Vögel beobachten zu können.

MATERIAL UND WERKZEUG:
Bastfaden oder Schnur

1 Sammeln Sie gemeinsam auf einem Spaziergang verschiedene Beerenfrüchte, Samenstände von Wildkräutern, Blumen und Gräsern sowie Getreideähren. Oft sieht man letztere am Boden liegen, nachdem der Bauer mit dem Mähdrescher über das Feld gefahren ist. Keinesfalls dürfen Sie die Getreideähren büschelweise ausreißen! Die Körner sollten außerdem reif sein, d. h. auf Druck fast nicht mehr nachgeben.

2 Flechten Sie die Samen- und Fruchtstände zu Kränzen zusammen. Als Bindematerial können Sie beispielsweise Bastfäden verwenden. Bei der Gestaltung Ihrer individuellen Futterstelle für Vögel sind der Fantasie keine Grenzen gesetzt.

3 Finden Sie einen geeigneten Platz zum Anbringen der Futterstelle für unsere heimischen Vögel. Der Platz sollte möglichst einsichtig sein, damit die Vögel herannahende Katzen gegebenenfalls frühzeitig bemerken und flüchten können. Gleichzeitig sollte schützendes Gebüsch in der Nähe sein, sodass die Singvögel sich rasch verstecken können, wenn Greifvögel wie der Habicht im Anflug sind.
Last but not least sollten Sie und die Kinder den Platz vom Fenster aus gut im Blick haben!

> **Ist der »Grundkranz« geflochten, kann er noch weiter verschönert werden.**

4 Beobachten Sie mit den Kindern aus einiger Entfernung das bunte Treiben. Sollte das angebotene Futter von den Vögeln nicht angenommen werden, wechseln Sie den Standort der Futterstelle oder des Beobachtungspostens.
Es macht Spaß, die Beobachtungen in einem Tagebuch festzuhalten. Wer ist wann in wessen Begleitung am Futterplatz erschienen?

Holunderkette

Holunder wird schon seit alters von den Menschen genutzt. Er wird gern in der Volksmedizin eingesetzt, Marmelade, Bonbons, Sirup, Saft, Bionade und Tee werden aus seinen Blüten und Früchten hergestellt. Man kann Holunder auch verwenden, um mit den Kindern Spielzeug zu bauen. Jüngere Holunderäste haben in der Mitte weiches Mark und eignen sich deshalb hervorragend, um daraus Ketten zu bauen.

MATERIAL UND WERKZEUG:
1. Gartenschere
2. Wollfaden
3. ggf. Federn

1 Schneiden Sie ca. daumenbreite Stücke von 1 – 2 cm dicken Holunder-ästen ab. Wer will, entfernt nun noch die Rinde von den Zweigen, dann kommt darunter das gelblich weiße Holz zum Vorschein. Je frischer die Zweige sind, desto einfacher geht das.

2 Mit einem stabilen Stock, der etwas dünner als das (weiche) Innere des Holunderastes ist, wird das weiche weiße Mark der Holunderaststücke herausgedrückt. Das Innere wird durch weiteres Schaben gereinigt. Das so entstandene Loch nutzt man zum Durchziehen des Fadens.

3 Ganz nach Lust und Laune kann man dann die hohlen Holunderstücke auffädeln. Die Enden der Schnur verbindet man einfach mit einem Knoten.

4 Zur Verschönerung kann man noch andere Elemente – von zu Hause mitgebracht oder in der Natur selbst gesammelt – hier beispielsweise bunte Federn in die Kette mit einbinden. So kommt zwischen unsere Holunderglieder neue Farbe und Struktur.

Naturwissen

HOLUNDER: GESCHÄTZT UND BELIEBT
Der Schwarze Holunder war schon seit jeher ein geschätzer Strauch in Garten und Landschaft. Insbesondere in der Nähe des

Hauses konnte man ihn früher gut leiden, da die »guten Hausgeister« angeblich in seinen Zweigen wohnten. Außerdem lassen sich aus seinen Blüten und Früchten leckere Dinge herstellen.

Essen wie die Eichhörnchen

Viele Tiere sammeln Nüsse und andere Früchte, um sich einen Winterspeck anzufressen oder um einen Vorrat für den Winter anzulegen. Insbesondere die Haselnuss schmeckt auch Menschen gut. Besonders wegen ihrer mehrfach ungesättigten Fettsäuren ist sie eine sinnvolle Bereicherung der Ernährung. Noch heute macht es Freude, die eigenen Haselnüsse zu sammeln und die »Beute« später gemeinsam zu verarbeiten oder einfach direkt am heimischen Ofen zu knacken.

MATERIAL UND WERKZEUG:
Sammelbehälter

1 Ab Mitte September können Sie gemeinsam losziehen und Haselnüsse sammeln. Ist ihre Schale braun, so sind sie reif. Oder man schüttelt ganz einfach an den Sträuchern, dann fallen die ausgereiften Nüsse herunter und können am Boden aufgesammelt werden. Falls die Nüsse nicht gleich verwendet werden, sollte man sie kühl und trocken lagern.

> Kleine Energiebomben – schon eine Handvoll Haselnüsse stillt den ärgsten Hunger.

Naturwissen

DIE HEIMLICHEN SÄER DES WALDES

Die Leibspeise von Eichhörnchen und Eichelhäher sind neben Haselnüssen auch Eicheln, denen sie ihren Namen verdanken. Indem sie Wintervorräte anlegen und nicht jede versteckte Eichel oder Nuss nachher wieder finden, tragen sie maßgeblich zur Verbreitung dieser Baum- und Straucharten bei.

2 Was tun mit den frischen Haselnüssen? Hier ein Rezept für leckere Schoko-Nuss-Kekse, für das die Nüsse vorher geschält und in einem Mixer-Aufsatz gemahlen werden:

- 200 g Blockschokolade im Wasserbad erwärmen, bis sie flüssig ist.
- 160 g Butter, 160 g Puderzucker und 1 Päckchen Vanillezucker schaumig rühren.
- Mit der flüssigen Schokolade und 200 g gemahlenen Haselnüssen vermischen.
- Die Masse in Spritzbeutel füllen und kleine Kekse auf ein mit Backpapier belegtes Backblech spritzen oder mit einem Teelöffel Klekse daraufsetzen. Alternativ Teig im Kühlschrank fest werden lassen und kleine Kugeln daraus formen.
- Backofen auf 150 °C vorheizen und die Kekse (oder Kugeln) ca. 25 – 30 Minuten backen.

Visitenkarte

In Beruf und Privatleben gehört es bei Treffen einfach dazu, Visitenkarten auszutauschen. Unsere Visitenkarte stellt nicht nur den einzelnen Menschen vor, sie zeigt auch, wo sie gemacht wurde. So wird die eigene Persönlichkeit in der jeweiligen Umgebung gespiegelt.

MATERIAL UND WERKZEUG:
1. feste Unterlage (Pappe, Karton)
2. doppelseitiges Klebeband

1 Die Kinder sammeln auf der Wiese all das, was ihnen besonders gut gefällt. Dies können Blüten, Blätter, Gras, Sand oder kleine Aststücke sein.

2 Ein Streifen des Klebebands wird nun auf einer festen Unterlage fixiert. Auf der Oberseite wird die Visitenkarte gestaltet, ganz frei nach Pippi Langstrumpfs Devise: »… wie es euch gefällt«. Es sollte kein Bereich des Bandes unbeklebt bleiben, die Gegenstände sollten fest angedrückt werden, damit sie nicht wieder abfallen.

3 Was gefällt einem an den einzelnen Visitenkarten besonders gut? Warum hat ein Kind ganz bestimmte Dinge ausgesucht: Nach der Fertigstellung muss Zeit und Gelegenheit sein, solche Themen ausführlich zu besprechen.

4 Vorsicht beim Heimtransport! Es wäre doch zu schade, wenn die kleinen Kunstwerke nicht wohlbehalten nach Hause finden würden. Dort können sie beispielsweise die Kinderzimmertür schmücken.

Für Gruppen

- Alle Kinder erhalten eine Kartonunterlage und Klebeband. Man kann die Vorlagen bereits daheim vorbereiten, sodass die Kinder nur noch die Folie von der oberen Klebeschicht abziehen müssen. Jeder Teilnehmer gestaltet seine Visitenkarte.
- Nun werden Zweier-Teams gebildet, bei denen sich die Partner mithilfe ihrer Visitenkarte einander vorstellen.
- Danach kommt die ganze Gruppe zusammen, die Zweier-Teams stellen sich gegenseitig anhand der Visitenkarten in der Gruppe vor.

Tierfährten legen

Tierspuren erzählen uns viel über diejenigen, die wir Menschen selten oder gar nicht zu Gesicht bekommen. So berichten viele Forscher, die Luchs oder Wolf erkunden, dass sie die scheuen Tiere außer in Fotofallen jahrelang nicht direkt zu Gesicht bekommen haben. Wer Tierspuren oder gar eine ganze Fährte zu deuten weiß, der kann interessante Geschichten daraus lesen. Solche Geschichten kann man auch selbst in den frisch gefallenen Schnee »schreiben«.

Naturwissen

TIERSPUREN ERKENNEN

Die Füße der Tiere hinterlassen ganz charakteristische Abdrücke im weichen Boden.

1. Hoppelnderweise bewegt sich das Kaninchen auf rundlichen Pfoten fort.
2. Eine Rehspur erkennt man an zwei nebeneinander verlaufenden Abdrücken der Hufe, den sogenannten Schalen.
3. Die Schwimmhäute der Stockente sind auch in ihrem Trittbild sichtbar.

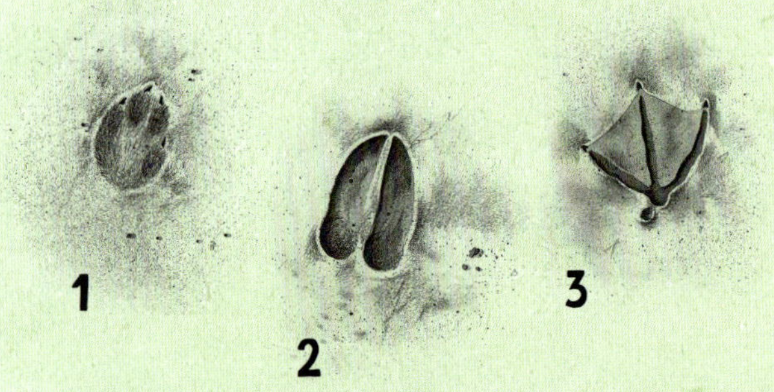

1 Jeder »Tiergeschichtenautor« bekommt ein bestimmtes Areal abgesteckt, in dem er seine »Geschichte schreiben« kann.

2 Die verschiedenen Tierspuren und Fährten werden anhand von Bildern vorgestellt. Man kann aber auch Fantasiespuren oder Fährten längst ausgestorbener Arten wie Dinosaurier selbst erfinden.

3 Jeder zeichnet mit Fingern oder mit einem kleinen Stock (etwa für Vogelspuren) mindestens zwei Fährten von Tieren in den Schnee. In der Art, wie die beiden angeordnet sind, soll eine kleine Geschichte erzählt werden. Die Tiere können sich beispielsweise freundschaftlich treffen, eines kann das andere überfallen oder jagen.

4 Nun werden die einzelnen Meisterwerke nacheinander begutachtet. Zunächst deuten die anderen das Werk und versuchen, eine Geschichte daraus zu lesen. Abschließend bekommt der Autor die Gelegenheit, die wahre Geschichte zu erzählen. Ist der Fuchs dem Hasen tatsächlich begegnet oder kam er erst nach diesem vorbei und ärgerte sich nur über das verpasste »Mittagessen«?

› Schmetterling oder Engel – Wer hat wohl diese Fährte in den Schnee »geschrieben«?

Pfeil und Bogen

Mit dem von Vater oder Opa gebauten Bogen auf die Jagd gehen – diese Erinnerung hat wohl jeder von uns. Die Pfeile waren ein wenig krumm, das tat der Jagdleidenschaft jedoch keinen Abbruch, die »Beute« war zumeist sowieso der Fantasie entsprungen. Ein einfacher Bogen ist ganz leicht herzustellen – und zwar von den Kindern selbst, was die Freude daran erhöht.

MATERIAL UND WERKZEUG:
1. Gartenschere / Säge
2. Messer
3. Kunststofffaden (1 mm gedrillt)
4. Korken

1 Auch wenn es sich bei diesem Bogen (nur) um einen »Kinderflitzebogen« handelt, so ist der ordnungsgemäße Gebrauch wichtig, um Verletzungen zu vermeiden! Die gespannte Bogensehne kann dem Schützen gegen das Handgelenk schnellen. Darum muss der Bogen weit genug gespannt sein, um einen Mindestabstand der Sehne vom Unterarm des Kindes zu gewährleisten.

2 Gemeinsam schneidet man einen ca. 80 cm langen Zweig mit 1 cm Durchmesser vom Haselstrauch ab. An den Enden wird im Abstand von ca. 3 Zentimetern jeweils eine ca. 1 mm tiefe Einkerbung rund ums Holz gemacht. Die Einkerbung muss an der späteren Innenseite des Bogens leicht in die Mitte des Haselsteckens weisen, damit die danach eingesetzte Bogensehne entsprechend verläuft.

3 Als Bogensehne verwendet man am besten einen Kunststofffaden. Diesen befestigt man mit einer Schlaufe an einem Ende des Haselsteckens. Dann biegt man den Haselstecken leicht durch und verknotet das lose Ende der Bogensehne am gegenüberliegenden Ende. Fertig ist der Bogen! Die Pfeile werden ebenfalls aus Haselholz gefertigt; sie haben ca. 5 mm Durchmesser, sind 60 cm lang und möglichst gerade. Am dünneren Ende bringt man eine Einkerbung für die spätere Auflage auf die Bogensehne an. Die Pfeilspitze bleibt stumpf, bei Bedarf mit einem Korken als Schutz.

4 Am besten prüft ein Erwachsener den Bogen auf seine Tauglichkeit. Beim Abschießen der Pfeile müssen alle hinter dem Schützen stehen. Die Schussbahn muss frei einzusehen sein. Niemand darf unbemerkt in die Schussbahn der Pfeile gelangen können. Niemals auf Menschen zielen; auch nicht zum Spaß! Niemals auf Tiere schießen!

Naturwissen

EIN MÄRCHENHAFTER STRAUCH

Der bis zu 6 Meter hohe Haselnussstrauch ist ein schnell wachsendes Gehölz, das von unten wieder austreibt, wenn seine Triebe bis zum Boden zurückgeschnitten werden. Zauberstäbe und Wünschelruten bestehen in vielen Märchen traditionell aus Haselnussholz! Die Nüsse werden oftmals als magische Utensilien verwendet.

Wald- und Wiesenfee

Viele Tiere benutzen Materialien aus der Natur, um sich zu tarnen oder zu schmücken. Auch für Menschen(kinder) ist es ein Spaß, sich damit zu verkleiden. Ein geflügelter Ahornsamen macht einen, auf die Nase geklemmt, zum Nashorn. Ein Hut aus einem großen Blatt tarnt hervorragend. So ausgestattet kann man Geschichten nachspielen oder eigene Theaterstücke erfinden, die dann auf der Wiesenbühne ihre Premiere haben.

1 Alle Kinder sammeln zuerst verschiedene Naturmaterialien wie Blätter, Gräser, Ästchen, Rindenstücke. Sie »verkleiden« sich damit, indem sie die Objekte an Schnüre binden und diese an bzw. über der Kleidung befestigen. Blätterkronen auf dem Kopf, »Ahornzwicker« auf der Nase und mit Hautcreme ins Gesicht geklebte Blätter helfen beim Verwandeln bzw. Unkenntlichmachen.

TIPP: Bei kleinen oder noch nicht so im Entdecken geübten Kindern sollte man einfach das Areal, in dem man sich verstecken darf, verkleinern. Auf diese Weise entsteht kein Frust, wenn die anderen zu lange nicht gefunden werden. Langes Stillsitzen ist schließlich nicht jedermanns Sache.

2 Nun wird ein Kind zum Jäger ernannt. Es hält sich 20 – 30 Sekunden die Augen zu, die anderen verstecken sich in Sichtweite. Jedes versteckte Kind muss den Jäger mit beiden Augen sehen können und selbst regungslos verharren. Jetzt öffnet der Jäger die Augen, und versucht von seinem Standort aus, allein mit den Augen die getarnten Kinder zu entdecken. Hat er eines gefunden, wird dieses herausgerufen und wird zum nächsten Jäger.

Farbstoffe herstellen

Vor der Entwicklung synthetischer Farbstoffe wurden von den Menschen für ihren alltäglichen Bedarf insbesondere pflanzliche Farbstoffe benutzt. Einige Naturfarben können wir ohne größeren Aufwand auch heute noch verwenden. So eignet sich der Saft der Holunderbeeren hervorragend, um die Maserung von entrindeten, trockenen Ästen oder die von einem Borkenkäfer gefressenen Gänge auf einem Holzstück hervorzuheben.

MATERIAL UND WERKZEUG:

1. Kunststoffhandschuhe
2. Gartenschere, kleine Säge
3. ggf. kleiner Mörser
4. Pinsel

1 Suchen Sie mit den Kindern Blüten oder Früchte, die Farbstoffe enthalten. Dazu eignen sich beispielsweise Holunder- und Waldheidelbeeren, Ringelblumen- und Klatschmohnblüten.

2 Der im Saft enthaltene Farbstoff lässt sich in einem kleinen Mörser besonders gut auspressen. Es ist sinnvoll, dabei alte und abgetragene Kleidung zu tragen, die Flecken gehen manchmal schwer wieder heraus.

3 Nun macht man sich auf die Suche nach abgestorbenen trockenen Ästen, deren Maserung stark hervortritt. Besonders gut eignen sich Äste, bei denen der Borkenkäfer am Werk war und dessen Gänge gut sichtbar sind, wenn man die Rinde entfernt. Auf diese Äste trägt man nun den ausgepressten Saft mit dem Pinsel oder einem kleinen Stöckchen auf.

4 Nachdem die Farbe getrocknet ist, glättet man den Ast mit Schmirgelpapier. Dadurch wird die neben die Maserungen oder Käfergänge gelangte Farbe entfernt, die Zeichnung tritt deutlicher hervor. Das sich abzeichnende Muster erinnert je nach Käferart an indische oder arabische Schriftzeichen. Alternativ kann man die Holzmaserungen auch mit einem weichen Buntstift hervorheben.

Naturwissen

KLEINER KÄFER – GROSSER SCHADEN

Borkenkäfer sind trotz ihrer geringen Größe gefürchtete Tiere: Befallen sie geschwächte Bäume, können im Handumdrehen ganze Waldstücke – besonders Monokulturen – absterben. Seine unter der Rinde angelegten Gänge, die an kryptische Schriftzeichen erinnern, gaben einem der von ihnen, dem Buchdrucker, seinen Namen.

Schneeschuhe

Wie ein echter Trapper im hohen Norden fühlt man sich, wenn man im frisch gefallenen Schnee nach Fährten und Abenteuern sucht. Geschichten wie »Lockruf des Goldes« oder »Wolfsblut« beflügeln auch heute noch die Fantasie von Kindern und Jugendlichen. Ein richtiger Trapper benötigt zumindest im Winter auch Schneeschuhe. Wir zeigen Ihnen, wie man die selbst herstellen kann.

MATERIAL UND WERKZEUG:

1. Weidenzweige (ca. 1,2 m lang)
2. Bindfaden oder Paketschnur
3. dicke Kunststoffschnur für die Befestigungsschlaufen
4. ggf. Bohrer (2mm)
5. ggf. Draht

1 Zwei fingerdicke Weidenruten werden auf eine Länge von ca. 1,2 m zurechtgeschnitten. Wahlweise eignen sich auch Haselruten oder vergleichbar flexibles Material.

2 Man biegt die Weidenruten vorsichtig so, dass die beiden Enden sich parallel berühren. Die nebeneinanderliegenden Enden werden am besten von einem Helfer mit einer Paketschnur oder einem dünnen Draht fest verbunden. Zur größeren Haltbarkeit kann man an den Enden der Weidenruten auch kleine Bohrungen (2 mm) anbringen, durch die der Draht geführt wird. Die Weidenzweige haben nun die Form einer länglichen Birne.

3 Der Raum zwischen den Weidenruten wird nun netzartig verwoben. Um die Stabilität zu erhöhren, kann man zunächst ein Geflecht aus dünnem Draht zwischen den Weidenruten knüpfen. Danach umwickelt man den Raum zwischen den gebogenen Weidenzweigen mit einer Schnur und spannt diese kreuzweise zur anderen Seite.
So wird weiterverfahren, bis sich ein Gitternetz ergibt. Nun hält man eine Art altertümlich anmutenden »Tennisschläger« in den Händen.

4 Abschließend bringt man noch Schlaufen für die Befestigung an den Kinderschuhen an. Anprobieren; fertig!

Naturwissen

WEIDEN – ÜBERALL ZU HAUSE

Weidenarten gibt es weltweit in großer Anzahl und erstaunlicher Vielfalt: von flach am Boden wachsenden Kriechweiden mit winzigen Blättchen bis hin zur 30 Meter hohen Silberweide. Sie alle haben weiches, in der Jugend biegsames Holz, weshalb beispielsweise die Triebe der Korbweide zum Flechten von Körben und Weidenobjekten dienen. Im Frühjahr, vor der Blütezeit, tragen alle Weiden silbergraue, weiche »Kätzchen«. Wegen des Salicins, eines Inhaltsstoffs der Weidenrinde, wurde diese in der Volksheilkunde als fieber- und schmerzstillende Medizin genutzt.

> Auf in die winterliche Natur – dahin, wo noch keiner Spuren hinterlassen hat.

TIPP: Die Schneeschuhe sollten möglichst nur im Schnee benutzt werden, auf Asphalt oder Steinboden werden die Schnüre schnell durchgescheuert. Natürlich sind die im Handel oder Verleih erhältlichen Schneeschuhe wesentlich praktischer. Aber unsere selbst gemachten Schneeschuhe schmücken jedes »Trapperlager« ungemein und künden von Abenteuern und Entdeckungen ganz eigener Art!

Holunderpfeife

Fast jeder kennt selbst gebaute Pfeifen aus der eigenen Kindheit. Zumeist handelte es sich dabei um Weidenpfeifen oder -flöten, die schöne Töne hervorbringen, aber von Kindern kaum selbst zu bauen sind. Hier eine Anleitung, die etwas simpler, aber auch leichter auszuführen ist. Diese Holunderpfeife gibt zwar nur einen Ton von sich, kann aber mit etwas Hilfe auch von kleineren Kindern selbstständig gebaut werden.

MATERIAL UND WERKZEUG:
1. Gartenschere, Säge
2. lange Holzschraube mit abgestumpfter Spitze

1 Zwei- bis dreijährige Holunderzweige mit 1 bis 2 cm Durchmesser abschneiden. Ein etwa 10 cm langes Stück mit einer scharfen Gartenschere zwischen zwei Astabschnitten (Nodien) abschneiden. Das Mark mit einer abgestumpften Schraube herausholen, bis eine Röhre aus Holunderholz entstanden ist. Das Mark möglichst vollständig herauskratzen, damit die Innenfläche ganz glatt ist. Die Rinde mit Fingernägeln abziehen oder mit dem Schraubengewinde durch Raspeln entfernen.

2 Eine Öffnung der Holunderröhre mit dem Daumen so zuhalten, dass keine Luft entweichen kann. Das andere Ende schräg von unten an die Lippen führen und Luft darüberstreichen lassen – ähnlich wie bei einer Limoflasche, über deren Flaschenhals man Luft pustet, um sie zum Tönen zu bringen.

TIPP: Man kann die untere Öffnung der Holunderröhre mit einem Stopfen z. B. aus Haselnussholz luftdicht verschließen. Hierzu einen Ast in der Stärke unserer Holunderpfeife am Ende gleichmäßig leicht anschrägen. Wenn er in das Loch passt, vorsichtig hineinstopfen und mit der Gartenschere abschneiden. Aus mehreren solcher »verstopften« Pfeifen kann man auch eine Panflöte bauen.

Kranz aus Blumen

Sich wie ein Prinz oder eine Prinzessin fühlen – dazu braucht man keine Krone aus Gold oder Edelsteinen. Auch Blumenkränze geben einem das Gefühl, etwas Besonderes zu sein. Es gibt endlose Möglichkeiten, die Kränze zu gestalten, vom feinen, aber zerbrechlichen Gänseblümchenkranz bis zum robusten, oft sperrigen Weidenkranz. Hier eine einfache Grundform aus Klettenlabkraut, die leicht anzufertigen ist und trotzdem viele Varianten ermöglicht.

1 Suchen Sie gemeinsam einen Strang Klettenlabkraut und reißen oder schneiden Sie ihn ab. Eventuell darin enthaltene Insekten werden vorsichtig entfernt. Das Labkraut wird zu einem Kranz gewunden und individuell an den jeweiligen Kopf angepasst. Durch die Klettwirkung halten die Stränge gut aneinander

2 In den Kranz kann man nun verschiedenste weitere Blüten und Blumen einflechten. Auch Ahorn- oder watteähnliche Pappelsamen geben dem Kranz eine ganz individuelle Note.

3 Es bietet sich an, die Blüten vor dem Einflechten kurz auszuschütteln, damit werden Insekten entfernt. Sicherheitshalber sollte man abends überprüfen, ob jemand von einer Zecke gestochen wurde. Diese dann mit einer speziellen Zange oder Pinzette unter leichtem Drehen entfernen. Kein Öl oder Klebstoff zum Abtöten verwenden, die Insekten geben im Sterben ihre Körperflüssigkeit ab! Das Herausdrehen kann natürlich auch ein Arzt übernehmen.

4 Wer den grünen Kranz nicht direkt auf dem Kopf tragen will, kann auch eine Mütze damit ansprechend dekorieren.

Naturwissen

EINE ANHÄNGLICHE PFLANZE

Klettenlabkraut ist eine recht häufige Pflanze, die im Garten oft nicht gern gesehen ist. Verbreitet sich das Kraut doch mittels vieler kleiner Klettfrüchte, die im Fell von Hauskatzen und -hunden, aber auch an der Kleidung von Menschen haften bleiben. Das Klettenlabkraut kann durch diese Form der Verbreitung innerhalb kürzester Zeit den Garten erobern! Man kann es gut an seinen quirlförmig um den Stängel angeordneten Blättern erkennen.

Gruppenspiele auf der Wiese

Eine Wiese lädt Kinder zum Herumtoben regelrecht ein. Deshalb sollten sie ihren Bewegungsdrang erst ausleben können, ehe man sich Spielen, die Konzentration oder Aufmerksamkeit erfordern, zuwendet. Nach dem Spiel zwischen Blumen und Gräsern bitte abends nach Zecken absuchen!

Richtig Austoben kann man sich beim Fangen-Spiel.

Fangen

Der Klassiker unter den Kinderspielen findet auf einer vorher festgelegten Fläche statt, die keiner der Mitspieler verlassen darf. Bei diesem Bewegungsspiel versucht ein Jäger, möglichst viele Mitspieler zu fangen, ehe diese den Freischlag erreicht haben. Dazu muss er die Mitspieler berühren und »Gefangen!« rufen. Die Gejagten sind »gerettet«, wenn sie vor der Berührung durch den Jäger den »Freischlag« in Form eines Baumstamms usw. erreichen können.

Hör mal, wer da zirpt

Wie sich Tiere untereinander verständigen bzw. sich in einer großen Gruppe wiederfinden, kann man mit diesem Spiel ausprobieren. Die Kinder bilden zunächst Paare, bestehend aus »Signalgeber« und »Sucher«, die sich untereinander auf ein gemeinsames Geräusch (Grillenzirpen, Vogelpfiff) einigen. Dann werden zwei Gruppen gebildet, eine mit allen »Signalgebern«, eine mit allen »Suchern«. Die »Signalgeber« stellen sich in einem großen Kreis auf, in dessen Mitte die »Sucher« mit geschlossenen Augen stehen. Nun beginnen die »Signalgeber« damit, ihre Geräusche zu machen, die »Sucher« tun ihr Bestes, um ihren Partner im Kreis zu finden. Haben alle ihren Partner gefunden, werden die Rollen getauscht. Die zweite Runde kann beginnen!

Wer kommt mit Froschhüpfern am schnellsten ins Ziel?

Wettlauf der Tiere

Bei diesem Spiel geht es darum, sich in die typischen Fortbewegungsarten verschiedener Tiere hineinzuversetzen. Alle beginnen damit, beispielsweise einmal das Hüpfen eines Froschs zu üben. Dann geht es los: Die Kinder versammeln sich an einer festgelegten Startlinie, das zuvor bestimmte Ziel in Sichtweite. Auf ein Signal hin hüpfen, hoppeln, schleichen oder krabbeln – je nachdem, auf welche Fortbewegungsart man sich geeinigt hat – alle los. Wer zuerst am Ziel ist, darf das nächste Tier und seine spezielle Fortbewegungsweise bestimmen.

3D-Jagd der Fledermaus

Wie sich Fledermäuse und andere Tiere mit ihrem Gehör räumlich orientieren, lässt sich in einem interessanten Spiel leicht nachvollziehen. Hierzu steckt man ein »Jagdgebiet« von ca. 10 x 10 Metern ab. Nun wird ein Mitspieler als »Fledermaus« bestimmt und ins »Jagdgebiet« gestellt. Die »Fledermaus« schließt die Augen, die übrigen Mitspieler betreten als »Insekten« das Jagdgebiet. Die »Fledermaus« orientiert sich, indem sie in die Hände klatscht (Ultraschallortung) und auf das Antwortklatschen der »Insekten« (Echo) wartet. Die »Fledermaus« kann sich nun in Richtung »Insekten« bewegen und versuchen, diese zu orten und zu fangen. Die »Fledermaus« klatscht immer wieder und die »Insekten« müssen durch eigenes Klatschen antworten, wobei sie sich natürlich auch bewegen dürfen. Das Spiel ist vorbei, wenn entweder ein oder alle »Insekten« gefangen wurden. Die Rollen werden neu verteilt, das Spiel kann von vorn beginnen!

Achtung: Fledermaus im »Anflug«!

Garten

Tür auf und raus in den Garten, in den Hinterhof oder den nahe gelegenen Park, denn hier fängt die Natur an! Natürlich muss dieser Bereich auch ansprechend gestaltet sein, damit es für Kinder etwas zu entdecken und zu beobachten gibt und geeignetes Baumaterial zur Verfügung steht. Oft reicht schon ein kleiner Denkanstoß, damit die Ideen sprudeln!

Im Garten

Säen und ernten, in Bäumen wohnen, Insekten und Vögel beobachten, auf einer Schaukel in den Himmel träumen – es gibt vieles, was Kinder im eigenen Garten oder nahen Park unternehmen können, wenn man ihnen ein paar Tipps und Anregungen mit auf den Weg gibt.

› **Manche Wunder der Natur erfordern ein intensives und genaues Hinsehen und Betrachten.**

Ein Stückchen Natur gleich vor der eigenen Haustür

Der Garten ist die einfachste Möglichkeit, mit der Natur in Kontakt zu kommen – schließlich liegt er in den meisten Fällen direkt vor der Haustür. Hier können junge Naturforscher nach Herzenslust in die »zivilisierte« Wildnis eintauchen und eigene Erfahrungen machen. Überlässt man zumindest einen kleinen Teil des Gartens sich selbst, so entwickelt sich meist in kurzer Zeit – wenigstens ansatzweise – ein Minidschungel, der kleine Entdecker magisch anzieht. Die heimische Tierwelt wird auf das Stückchen Wildnis dankbar reagieren, denn Insekten und Vögel finden in diesen naturnahen Ecken zahlreiche Nist- und Versteckmöglichkeiten sowie abwechslungsreiches Futter.

SPIELZIMMER IM FREIEN

Der Hit für Kinder ist ein Gartenbereich, der ganz nach ihren Bedürfnissen angelegt wird und bei dessen Gestaltung sie auch selbst mitreden und -arbeiten können. Achten Sie bei kleineren Kindern darauf, dass die verwendeten Pflanzen möglichst kindertauglich und -freundlich sowie robust sind. Giftige Pflanzen können Sie wahrscheinlich nicht ganz ausschließen, ist doch eine nicht geringe Anzahl beliebter und häufig vorkommender Gewächse mehr oder weniger giftig. Gerade bei Kleinkindern in Ihrer Familie lassen Sie die betroffenen Pflanzen in nicht so leicht zugänglichen Bereichen wachsen. Ältere Kinder können Sie durchaus unter kundiger Anleitung mit den Risiken der Botanik vertraut machen: Nur wer eine Gefahr gut kennt, kann sich auch nachhaltig vor ihr in Acht nehmen.

Andererseits gibt es auch genügend Pflanzen, die ungefährlich und für Kinder von Interesse sind, allen voran Obstgehölze, die möglichst leicht erreichbare und süße Früchte liefern. Pflanzen Sie also niedrig wachsende Obstbäume und Sträucher mit wenig Stacheln, von denen die Kinder naschen können. Auch Erdbeeren, die Früchte des Erdbeerspinats, süße Cocktailtomaten, milde Radieschen oder verschiedene Kräuter, die man anfassen, an denen man schnuppern und von denen man sogar direkt ein Blättchen probieren kann, eignen sich. Minze und Melisse sind ebenfalls ideale Kinderpflanzen. Außerdem lieben Kinder es, sich zu verstecken und einen persönlichen Rückzugsraum zu haben. Diesen Wunsch kann man mit Höhlen in frei wachsenden Hecken oder auch mit einem Spielhaus – beispielsweise in den luftigen Höhen eines Baumes – erfüllen. Damit das Gebäude hält und auch die Statik stimmt, wird es am besten von einem Erwachsenen gebaut. Einrichtung und individuelle Ausstattung sollte dann aber vollkommen den Kindern überlassen werden. Seien Sie nachsichtig, wenn das Bauwerk nicht hundertprozentig in das gestalterische Konzept des Gartens passt – die Mitarbeit bei diesem Projekt ist für die Kinder ein tolles Erlebnis und schult zusätzlich noch ihre handwerklichen Fähigkeiten. Originelle Spielmöglichkeiten bietet auch ein »grünes« Gebäude wie ein Weiden-Tipi, dessen Anlage Kindern und Erwachsenen Spaß macht.

> Ein »Schneesturm« im Sommer – mit ausreichend vielen »Pusteblumen« ist das gar kein Problem.

VOM WERDEN UND WACHSEN

Besonders gut lassen sich im Garten das Wachstum und die Entwicklung von Pflanzen beobachten. Dazu können die Kinder immer wieder zu verschiedenen Tageszeiten selbstständig kleine Stippvisiten in den Garten unternehmen: Um das abendliche Öffnen der Nachtkerzenblüten zu beobachten oder das Wachstum der selbst gesäten Radieschen und die Blütenentwicklung eines Apfelbaums mitzuerleben.
Ideal ist auch ein eigenes kleines Beet, wo verschiedene Samen ausgesät und dann ihr Wachstum verfolgt werden kann – Ernte möglichst inbegriffen! »Schnellstarter« wie Radieschen und Kresse sind dazu geeignet, aber auch »Giganten« wie Sonnenblumen und Kürbis, deren Verwandlung vom kleinen Samenkorn zum Pflanzenriesen Kinder immer wieder in ihren Bann zieht.

Doch wer Pflanzen und Tieren bewusst begegnen will, ist nicht einmal unbedingt auf einen eigenen Garten angewiesen. Auch in unserem näheren dörflichen oder städtischen Wohnumfeld können wir der Natur begegnen: Verwilderte Hecken oder Sträucher auf Spielplätzen, entlegene Winkel im Park oder auch die Brachfläche einer schon längere Zeit offenen Baulücke bieten einer Vielzahl von Pflanzen und Tieren Unterschlupf und Nahrung. Und die junge Birke, die im Hinterhof wächst, oder die Gänseblümchen, die bei Regenwetter zuverlässig ihre Blüten schließen, bieten sich als interessanter Forschungsgegenstand an.
Oftmals führt auch der tägliche Weg zum Kindergarten, zum Hort, zur Schule oder zur Bäckerei an solch »verborgenen«, etwas abseits gelegenen Orten vorbei. Nichts spricht dagegen, diese gemeinsam zu erkunden und in ihre ganz eigene Welt einzutauchen. Über einige Jahre hinweg kann man verfolgen, wie die Pflanzen wachsen und sich entwickeln, welche neuen Arten sich im Laufe der Zeit einstellen.

Typische Tiere & Pflanzen im Garten

Gärten, ja sogar Balkone und Terrassen können wertvolle Rückzugsräume für viele Tiere und Pflanzen sein. Sind diese Räume naturnah gestaltet, gibt es nicht nur für Kinder viel zu entdecken.

1. Vor allem durch seine Abwehrhaltung Marke »Stachelkugel« ist der Igel bekannt. Er liebt abwechslungsreiche Gärten mit Sträuchern und Beeten. Seinen Winterschlaf hält er in Reisig- und Laubhaufen.

2. Die Honigbiene ist ein kleines, stachelbewehrtes Insekt, das Pollen und Nektar sammelt. Die meisten Kinder lieben ihr »süßes Produkt«, den Honig. Die Biene ist von unschätzbarem Wert, denn ohne sie gäbe es kaum Blütenbestäubung und in der Folge keine Fruchtbildung.

3. Insbesondere, wenn Sie einen Teich haben, stellt sich dort als Gast oft eine der heimischen Krötenarten, wie z. B. die Erdkröte ein. Schnecken gehören zu ihrem bevorzugten Futter, deshalb lieben sie die Gärtner.

4. Ein Apfelbaum gehörte früher in jeden Garten. Klein wachsende oder schlanke Sorten machen heute sogar den Anbau im Kübel möglich.

5. Nahezu in jeder Wiese, in jedem Rasen wachsen Gänseblümchen und blühen unermüdlich vom Frühjahr bis zum späten Herbst.

6. Brennnesseln, die vor allem an nährstoffreichen Standorten wachsen, sind nicht gerade beliebt. Doch für zahlreiche Schmetterlingsarten liefern sie unverzichtbare Nahrung.

4
2
6
1
3
5

Insektenhotel

Im Frühling summt und brummt es auf Wiesen, in Gärten und Wäldern. Doch in den Flächen mit großen Monokulturen ohne Hecken und Brachen haben die Insekten-Musikanten es oft schwer, Nahrung und Wohnraum zu finden. Abgestorbene Äste und Baumstämme, besonnte Böschungen oder lockere Böden ohne Bewuchs sind nur noch selten zu finden. Unterstützen kann man die kleinen Krabbler mit einem Insektenhotel.

MATERIAL UND WERKZEUG:

1. Gartenschere
2. lange Schraube zum Aushöhlen
3. Holunderäste
4. Schilfrohr
5. ggf. fertiger Holzrahmen

2 Die Schraubenspitzen sollte man vor Gebrauch durch Kinderhände mit Feile oder Schleifstein abstumpfen, um Verletzungen zu vermeiden.

1 Als Erstes schneidet man Holunderäste unterschiedlicher Stärke auf 10 – 15 cm Länge zurecht. Das Mark entfernt man mit einer langen Schraube, sodass Röhren entstehen. Ähnliches Material mit hohlen Stängeln wie Stroh wird ebenfalls auf 10 – 15 cm Länge eingekürzt. Die Materialien mit Draht oder starkem Gummiband bündeln und eventuell in einen vorgefertigten Holzrahmen stecken.

> Wird das Insektenhotel an einem sonnigen und trockenen Platz aufgestellt, ziehen bald die ersten »Mieter« ein.

Naturwissen

WILDBIENEN

Weltweit gibt es etwa 60.000 Wildbienenarten, in Deutschland immerhin noch über 600. Im Gegensatz zu den Honigbienen, die Völker von etwa 30.000 bis 60.000 Tieren bilden, leben die meisten Wildbienenarten solitär, das bedeutet einzeln. Anstatt ihre Brut gemeinsam in einem Bienenstock aufzuziehen, suchen sie für jedes ihrer Eier eine geeignete Brutröhre und legen es dort mit einem Nahrungsvorrat für die schlüpfende Larve ab.

VARIANTE: Als Insektenhotel eignet sich auch ein Holzscheit oder ein Stück Kantholz, das mit unterschiedlich großen Bohrlöchern versehen wird. Dabei können die Kinder spielerisch den Umgang mit Bohrmaschinen lernen.

Schnuppertour

Unterschiedlichste Gerüche erfüllen den Garten. Von lieblich süßem Blumenduft bis zu aromatisch herben Kräutern reicht das Repertoire. Wie viele verschiedene Gerüche können in einem bestimmten Areal wahrgenommen werden? Können bestimmte Pflanzen allein an ihrem Geruch erkannt werden? Gehen Sie mit den Kindern auf Schnuppertour durch den Garten!

1 Als Erstes versucht man sich die Gerüche der einzelnen Pflanzen einzuprägen und diese bewusst mit dem Aussehen der Kräuter und Blumen verknüpfen. Besondes markant riechen Pfefferminze, Zitronenmelisse, Salbei, Fenchel, Lavendel, Flieder(blüten), Holunder(blüten). Interessant ist auch, was riecht: Sind es Blüten, Früchte, Triebe oder Blätter?

2 Nun können sich die Kinder gegenseitig auf einem Duftparcours durch den Garten führen. Mit geschlossenen Augen riecht man an den Pflanzen, die einem ein Mitspieler unter die Nase hält, und versucht zu erraten, um welche Pflanze es sich handelt. Die Pflanzen dürfen auch befühlt werden.

3 Man kann das Pflanzenmaterial auch abzupfen, trocknen und in kleinen Döschen aufbewahren. So können die Kinder auch später immer wieder ausprobieren, ob sie »den richtigen Riecher« haben.

TIPP: DUFTPARCOURS

Markieren Sie verschiedene Duftpflanzen, indem Sie direkt daneben eine Haselrute in die Erde stecken. Diese werden dann mit einer Schnur verbunden. Die Mitspieler tasten sich mit geschlossenen oder verbundenen Augen an der Strecke entlang. An jedem Stecken versucht man, die markierte Pflanze zu erschnuppern. Haben alle den Parcours durchlaufen, macht man sich gemeinsam an die Auflösung. Auch als Merkspiel empfehlenswert – bis zu fünf Düfte sollte sich jeder merken können!

Prinzessin Melissa und Prinz Pfefferminz

Vor langer Zeit, da lebte in einem Garten voller duftender, bunter Blumen und Kräuter Melissa, die hübsche Zitronenmelissen-Prinzessin, die alle Pflanzen, Tiere und Menschen mit ihrem Geruch fröhlich machte. Viele Prinzen aus dem Pflanzenreich hatten schon um ihre Hand angehalten, doch ihr waren alle zu langweilig. Ganz hinten im Garten lebte Prinz Pfefferminz. Er sah unscheinbar aus, seinen starken Duft mochten die anderen Gartenbewohner nicht leiden, und das machte ihn ganz traurig. Auch er hatte ein Auge auf Prinzessin Melissa geworfen, doch er traute sich nicht, sie anzusprechen. Nur seine Wurzeln schickte er zu ihr aus, und immer wieder umwehte sie sein Pfefferminzduft, den sie sehr interessant fand ...

Eines Sommermorgens kamen zwei Kräutersammlerinnen in den Garten. Die Alte sagte der Jungen, welche Teile sie abschneiden sollte und wozu die Pflanzen zu gebrauchen seien. Ganz zum Schluss rief die alte Frau: »Aber da hätten wir das Beste ja beinahe übersehen! Schau nur, hier hinten in der feuchten Ecke, da wächst die wunderbare Pfefferminze! Von der müssen wir viel mitnehmen, denn sie hilft bei Magendrücken, Bauchweh, Halsschmerzen und Erkältungen – eigentlich gegen alles!« Und rasch pflückten die beiden Frauen noch einige große Büschel Pfefferminze ab, und die Alte fügte noch hinzu: »Das Allerbeste ist der etwas abgekühlte und wunderbar erfrischende Tee jetzt im Sommer an heißen Tagen. Und weißt Du was? Wir mischen etwas von der Pfefferminze mit der Zitronenmelisse, denn die beiden passen sehr gut zusammen.«

Im Beet war Prinzessin Melissa ganz erstaunt, so viel Gutes über die Pfefferminze zu hören und sie sah sich suchend um. Auch Prinz Pfefferminz hatte gehört, was die alte Frau über ihn erzählt hatte, und jetzt war er so stolz, dass er sich zu reden traute: »Für die Menschen bin ich in vielerlei Hinsicht heilkräftig und wertvoll, aber mit Dir kann ich um die Wette duften und um die Wette wachsen, hast du Lust dazu?«, fragte er die Prinzessin. »Au ja«, rief Melissa, »lass uns gleich damit anfangen!«

Und während die beiden sich im Garten mächtig ins Zeug legten, beim Wett-Duften und Wett-Wachsen, gossen sich in der Küche des Hauses nebenan die beiden Frauen eine Kanne Minz-Melissen-Tee auf.

Sonnenuhr

Der Lauf der Sonne bestimmt den Tag und in unseren Breiten auch die Jahreszeiten. Geht sie auf, beginnt der Tag; steht sie am höchsten Punkt am Himmel, so ist Mittag; senkt sie sich zum Horizont, wird es Abend. Lange vor der Erfindung der mechanischen Uhr waren Sonnenuhren die ersten Zeitmesser. Ein guter Grund, selbst einmal eine zu bauen!

MATERIAL UND WERKZEUG:
1. Uhr
2. Holzstock oder gerader Ast
3. Kieselsteine

1 Suchen Sie mit den Kindern eine Stelle, die möglichst den ganzen Tag von der Sonne beschienen wird, das kann beispielsweise auch ein sonniger Balkon sein. Als Zeiger der Sonnenuhr steckt man einen Stock in den Boden oder in einen mit Erde befüllten Blumentopf.

2 Lassen Sie die Kinder den Schattenwurf des Stockes zu jeder vollen Stunde mit einem Kieselstein auf dem Boden markieren. Für die 6., 9., 12., 15. und 18. Stunde verwendet man einen etwas größeren Stein. Fertig ist die Sonnenuhr. Jetzt kann man immer, wenn die Sonne scheint, anhand des Schattenwurfs des Stocks ablesen, wie viel Uhr es gerade ist.

VARIANTE: Mit einem Stock und etwas Sonnenschein können Sie auch die Himmelsrichtung bestimmen.
- Stecken Sie einen Stock in den Boden und markieren Sie den Endpunkt seines Schattens am Boden.
- Nach zwei oder mehr Stunden markieren Sie wieder den genauen Endpunkt des Schattens am Boden.
- Die Linie zwischen den zwei Punkten markiert die Ost-West-Achse. Rechtwinklig dazu verläuft die Nord-Süd-Achse.

> Beim Sonnenkompass ist es wichtig, genau den Endpunkt der Schattenlinie zu markieren.

Naturwissen

EINE URALTE ORIENTIERUNGSHILFE
Ein Sonnenkompass ist eine praktische Sache, insbesondere dann, wenn kein Magnetkompass zur Hand ist. Anscheinend benutzten sogar schon die Wikinger auf ihren Seefahrten, die sie wahrscheinlich bis nach Amerika führten, so eine Art Sonnenkompass, nämlich eine vorgefertigte hölzerne »Peilscheibe«, mit deren Hilfe sie die Himmelsrichtungen bestimmen und sich orientieren konnten.

Meisenkasten

Natürliche Nistmöglichkeiten wie hohle Bäume, Scheunen oder ungeschnittene Hecken gibt es nur mehr selten in unseren Gärten. Damit die Vögel bei der Wohnungssuche nicht »auf der Straße« landen, kann man ihnen mit ganz einfachen Mitteln behilflich sein: Beispielsweise indem man einen Nistkasten baut.

MATERIAL UND WERKZEUG:

1. Säge
2. Akkuschrauber
3. Holzbohrer 3mm
4. Holz laut Angaben rechte Seite
5. Holzschrauben
6. ggf. Pinsel und Farbe
7. ggf. Kabelbinder / Aluminiumnägel
8. ggf. Dachpappe

1 Sägen Sie die Holzteile nach den angegebenen Maßen zu oder lassen Sie sich im Baumarkt zuschneiden. An der Vorderwand wird das Einflugloch für die Vögel angebracht. Die Rückwand und die Seitenteile werden am Bodenholz angesetzt und mit je 3 – 4 Holzschrauben miteinander verbunden. Mit etwas Übung gelingt der Einsatz des Akkubohrers schon ganz gut! Zur Sicherheit können Sie die Löcher für die Holzschrauben mit einem 3-mm-Holzbohrer vorbohren.

2 Nun befestigt man die Vorderwand oben mit je einer Schraube zwischen den Seitenwänden; diese zwei Schrauben dienen später als Drehachse zum Öffnen des Nistkastens. Abschließend bringt man noch unten in der Mitte der Vorderwand eine Schraube zur Verbindung mit dem Bodenbrettchen an. Zum Schluss wird das Dach angeschraubt.

3 Zur Befestigung des Nistkastens am zukünftigen Standort schraubt man eine ca. 60 cm lange Latte mittig an der Rückwand an. Nun können die Kinder den Nistkasten nach Belieben anmalen.

TIPP: Ein Meisenkasten wird in einer Höhe von 1,5 bis 3,5 Meter über dem Boden angebracht. Das Flugloch richtet man möglichst nach Osten oder Südosten aus. Auf keinen Fall darf die Öffnung in Richtung Wetterseite zeigen. Bis Mitte März sollte der Nistkasten hängen. Wählen Sie einen Platz, der möglichst sicher vor Katzen und Mardern ist; also am besten keine direkt über- oder unterhängenden Äste oder Absätze, die den Beutegreifern den Zugang erleichtern. Zum Annageln an einen Baum verwendet man nur Aluminiumnägel, alle anderen Materialien schaden dem Baum. Oder man greift gleich zu den unschädlichen Kabelbindern.

> Exaktes Arbeiten ist beim Anschrauben des Dachs gefragt – Dachpappe verlängert die Haltbarkeit!

> Zum Bau benötigen Sie unbehandeltes massives Fichten- oder Kiefernholz mit folgenden Abmessungen:
2 Seitenwände: 17 x 22,5 cm x 21 cm (Brett verjüngt sich auf einer Seite)
1 Vorderwand: 14 x 21 cm
1 Rückwand: 14 x 22,5 cm
1 Bodenwand: 14 x 14 cm
1 Dach: 20 x 25 cm
Fluglochdurchmesser:
bis 26 mm für Blau- und Tannenmeise
27-28 mm für andere Meisenarten

Naturwissen

EIN HÄUFIGER GARTENBESUCHER

Die Blaumeise ist bei uns ein recht häufig auch im Garten auftretender Singvogel. Im Frühling und Sommer, wenn sie ihre Jungen aufzieht, bevorzugt sie tierische Nahrung und erbeutet große Mengen an Insekten und Spinnen. Später im Jahr steigt sie auf Körner und Sämereien um. Aufgrund ihres geringen Gewichts ist sie ein geschickter Kletterer, der Schnabel und Füße bei der Futtersuche gekonnt einzusetzen weiß.

Stockpropeller

Aus den Ästen des Haselstrauches entstehen nicht erst seit Harry Potter Zauberstäbe. Aus ihnen kann man auch eine »Wahrheitsmaschine« bauen: Durch Rubbeln über eine zackige Oberfläche beginnt sich bei ihr ein am vorderen Ende angebrachter Propeller wie durch Zauberhand mal in die eine, mal in die andere Richtung zu drehen.

MATERIAL UND WERKZEUG:

1. Kleiner Bohrer (ca. 2 mm)
2. Gartenschere und Messer
3. Bohrer (2 – 3 mm) Bohrmaschine
4. Eisstiel
5. Schraube oder Nagel (ca. 2 mm)

1 Schneiden Sie einen 30 – 40 cm langen, geraden fingerdicken Haselnussast ab. Auf einer Länge von 20 – 25 cm wird der Ast mit einem Messer geglättet, sodass eine gerade Fläche entsteht. In einem Winkel von 90° schnitzt man nun eine zweite plane Fläche. Das Ergebnis ist eine relativ gerade Kante. In diese schnitzt man in einem regelmäßigen Abstand von 1 – 1,5 cm Kerben. So erhält man eine geriffelte Reihe.

2 Aus einem Eisstiel entsteht der Propeller. Dazu schn det man ein ca. 4 cm langes Stück vom Eisstiel ab un bringt in der Mitte eine 2 – 3 mm große Bohrung an. Mit einer kleinen Schraube befestigt man den Propel an dem Ende des Haselstocks, an dem sich die Riffelu befindet. Achten Sie darauf, dass der Propeller leicht beweglich ist und ein wenig Spiel hat.

3 Mit einem ca. 15 cm langen Aststück als Reibestock versuchen die Kinder nun, den Propeller anzutreiben. Dazu hält man den Stockpropeller mit einer Hand fest am Griff. Mit der anderen Hand führt man den Reibestock über die Riffelung des Propellers. Durch die entstehenden Schwingungen setzt sich der Propeller in Bewegung. Je nachdem, wie schnell man reibt, wie man den Stockpropeller hält und ob und wie der Zeigefinger oder Daumen der reibenden Hand den Haselschaft berührt, ändern sich Geschwindigkeit und Drehrichtung des Propellers. Da die Drehrichtung des Propellers auch davon abhängig ist, wie das jeweilige Holz gewachsen ist und wie genau man die Kerbung angebracht hat, ist sie zunächst nicht vorherzusagen.

4 Hat man herausgefunden, mit welcher Position von Zeigefinger oder Daumen der reibenden Hand man welche Drehrichtung hervorruft, kann man den Stockpropeller als »Wahrheitsmaschine« einsetzen: Links herum bedeutet »ja«, rechts herum »nein«. Ein Mitspieler handhabt nun die Wahrheitsmaschine, der andere stellt Fragen wie z. B. »Scheint der Mond am Tag?« »Können Fledermäuse fliegen?« Da Uneingeweihte die unterschiedliche Fingerhaltung meist nicht bemerken, können sie mit diesem »Zaubertrick« eine ganze Weile in Erstaunen versetzt werden.

Grashaare

Kleine grüne Ecken und Paradiese lassen sich überall schaffen, denn Pflanzen sind praktisch überall lebensfähig – selbst in den Ritzen von Pflastersteinen. Ganz im Zeichen des Guerilla-Gärtnerns verschönern wir mit unseren lustigen Männchen die Umgebung.

MATERIAL UND WERKZEUG: bunte Straßenkreiden

1 Eine große eintönige Fläche aus Asphalt oder Pflastersteinen schreit ja regelrecht danach, aufgeheitert zu werden, beispielsweise mit lustigen Fantasiemännchen, die mit Kreide auf den Boden gemalt werden! »Angekleidet« werden sie mit bunten Stoffen aus der Natur: Löwenzahnblättern, bunten Blumen, usw.

TIPP: Vielleicht kann dieses Spiel Anlass für Innenhofbegrünung und etwas weniger Flächenversiegelung in unserem Wohnumfeld sein: Dann können in Zukunft Blumen und Gemüse dort wachsen, wo heute tristes Grau und Beton-Ödnis herrscht.

2 Manchmal sind auch Samen in die Pflasterfugen gefallen, aus denen sich ein kleines Pflänzchen entwickelt hat. Dem können die Kinder durch ein lustiges Kreidegesicht die nötige Aufmerksamkeit verschaffen: Es soll ja nicht der Hacke zum Opfer fallen oder von Autoreifen niedergewalzt werden!

Wasserrad

Schon im Altertum nutzte man Wasserräder als Antrieb für Mühlen oder Sägewerke, diese antiken »Hightech-Maschinen« wurden bewundert, sogar Märchen ranken sich um sie. Große und kleine Bastler haben Spaß daran, ein eigenes, kleines Wasserrad zu bauen. Da wir damit nicht die Energieversorgung sichern müssen, die Effizienz also nur an zweiter Stelle steht, sind der Kreativität kaum Grenzen gesetzt. Hier eine Bauanleitung für ein einfaches Wasserrad, das sich leicht nachbauen lässt.

MATERIAL UND WERKZEUG:

1. Teelicht mit Aluminiumboden
2. Nadel
3. Zahnstocher
4. Schere
5. Stück Kork oder Holunderzweig
6. Blumendraht
7. Rundzange (für die Halterung aus Blumendraht)

1 Als Basismaterial nutzt man den Aluminiumboden eines Teelichts. In die Mitte des Alu-Bodens stößt man mit einer Nadel ein Loch. Mit einem Zahnstocher, der später als Achse dient, wird das Loch so stark geweitet, dass sich die Aluhülle leicht auf dem Holzstäbchen drehen lässt.

2 Nun schneidet man die Hülle am nach oben stehenden Rand mit einer Schere bis zum Boden in acht gleich große Segmente ein. Diese Segmente werden dann so nach außen gebogen, dass die Silhouette einer Aluminiumblume entsteht.

> **Die Flügel müssen stets in die selbe Richtung zu Schaufeln gebogen werden.**

3 Man knickt nun die einzelnen Segmente diagonal von der Basis bis zur gegenüberliegenden Spitze um ca. 90°. Die Segmente dienen jetzt als Schaufeln des Wasserrades. Darum müssen sie auch stets in dieselbe Richtung gebogen werden; so erhält man einen gleichmäßigen »Aluminiumstern«.

4 Zum Betrieb des Wasserrades führen Sie den Zahnstocher als Drehachse ein. Ein vorher auf den Zahnstocher gesteckter »Stopper« in Form eines Korkstücks oder kurzen Holunderzweigs sorgt dafür, dass das Wasserrad nicht nach hinten rutscht und so die Drehbewegung behindert wird. Der Zahnstocher wird nun in den Haltestock gebohrt.

TIPP: Aus Blumendraht können Sie ebenfalls eine Halterung für das Rad biegen. Übrigens: Die Bauanleitung soll nur als Basismodell dienen, experimentieren Sie ruhig mit unterschiedlichen Varianten! So können Sie beispielsweise die Anzahl der Schaufeln oder deren Neigungsgrad verändern. Auf diese Weise können ganze Experimentalreihen bei der Suche nach dem optimalen oder schönsten Wasserrad entstehen. Die Wasserräder können nach Gebrauch auch den Blumenkasten – dann als Windräder – oder den Weihnachtsbaum verschönern.

Blechdosentelefon

Schon lange vor der Erfindung des Telefons haben die Menschen versucht, Informationen über weite Strecken in kurzer Zeit zu übermitteln. Vom Signalfeuer des Altertums bis hin zu den berühmten Rauchzeichen gab es viele Versuche. Doch erst die Erfindung von Telegraf und Telefon brachte die Sache so richtig voran. Mit zwei Dosen und einem Stück Schnur können Kinder ihr eigenes »Telefon« bauen.

MATERIAL UND WERKZEUG:

1. 2 Konservendosen
2. Klebeband
3. ca. 10 Meter Schnur
4. Bohrmaschine oder Dosenpiekser

1 Als Erstes bringt man in der Bodenmitte von zwei leeren, gesäuberten Konservendosen mit der Bohrmaschine jeweils ein kleines Loch mit ca. zwei Millimeter Größe an. Auch ein Dosenpiekser eignet sich. Bei scharfkantigen Dosen »entschärft« man den Rand am besten mit Klebeband.

2 Das eine Ende der Schnur fädelt man von außen in die Bohrung ein und zieht es so weit aus der Dose, dass man ein oder mehrere Knoten anbringen kann. Die Knoten dienen der Befestigung der Schnur in der Dose. Ziehen Sie den Knoten an den Dosenboden und wiederholen Sie das Ganze an der anderen Dose – fertig ist das Dosentelefon!

TIPP: Die Schallwellen des Sprechers versetzen den Dosenboden, in den hineingesprochen wird, in Schwingungen. Diese werden durch die Schnur an den Dosenboden des Hörers übertragen. Dort erzeugen die Schwingungen des Dosenbodens Schallwellen, die an das Ohr des Hörers übertragen werden. Damit‘s funktioniert, sollte die Schnur gut gespannt sein!

> Erstaunlich, wie selbst leise Worte zu verstehen sind!

3 Wollen zwei Personen miteinander »telefonieren«, kann es sofort losgehen: Der eine spricht in seine Dose, der andere hält sich die Dose ans Ohr und hört zu.

Schrumpfköpfe

Die Früchte des Gartens können wir nicht nur verspeisen. Man kann aus ihnen auch schaurig-schöne Dinge für den Gruselbedarf bauen. Vor allem am Vorabend von Allerheiligen, dem 31. Oktober, ist das mittlerweile ein beliebter Brauch. Halloween, das Kürbisfest aus den USA, wird auch bei uns inzwischen vielerorts gefeiert, und Kinder sind meist besonders von den gespenstischen »Zutaten« fasziniert – erst recht, wenn sie selbst damit basteln dürfen.

MATERIAL UND WERKZEUG:
1. mittelgroßer Apfel
2. einige ungeschälte Kürbiskerne, Gewürznelken, Rosinen, Reiskörner u. Ä.
3. Holzstäbchen (z. B. Schaschlikspieß)
4. Kartoffelschäler, Gemüsemesser, Teelöffel

1 Nicht nur aus Kürbissen kann man geisterhafte Fratzengesichter herstellen. Auch Apfel-Schrumpfköpfe rangieren auf der Gruselskala ganz weit vorn: Dazu einen Apfel schälen und dann vorsichtig mit dem Gemüsemesser ein Gesicht mit Augen, Mund und Nase hineinschnitzen.

2 Kürbiskerne, Gewürznelken, Rosinen, Reiskörner können wir für Augen und Zähne verwenden. Insbesondere die Zähne sollen spitz sein und möglichst »gefährlich« aussehen!

3 Den Apfelkopf auf den Holzspieß stecken und beispielsweise in ein Stück Styropor oder einen mit Erde gefüllten Blumentopf stecken und bei Zimmertemperatur warm und trocken aufstellen.

4 Nach einigen Tagen schrumpft das Fruchtfleisch des Apfels mehr und mehr, wodurch die »Zähne« und »Augen« unseres Schrumpfkopfes immer mehr hervortreten – und sich das Gesicht nach und nach zu einer gruseligen Fratze verzerrt! Ins Gartenbeet oder in den Balkonkasten gesteckt, kann der Schrumpfkopf gegen Ende seines »Lebens« auch als Vogelfutter dienen.

> Bereits nach kurzer Zeit wirken die verschrumpelten Äpfel ganz schön schaurig.

TIPP KÜRBISGEIST:
Größere Kinder, die schon mit scharfen Messern hantieren dürfen, können auch einen Kürbisgeist schnitzen. Das geht so:

- Den Deckel vom Kürbis abschneiden. Diesen Arbeitsschritt übernimmt am besten ein Erwachsener, da die meisten Kürbisse eine sehr harte Schale haben und daher Verletzungsgefahr für die Kinder besteht.
- Nun das Fleisch und die Kerne im Inneren des Kürbisses mit einem großen Löffel bis auf etwa 2 cm breiten Rand entfernen bzw. herausschaben. Mit einem wasserfesten Stift malt man jetzt ein »gruseliges« Gesicht auf den Kürbis.
- Mit einem scharfen Messer vorsichtig Augen, Nase und Mund herausschneiden. Auch hierbei sollte ein Erwachsener helfen.
- Nun Teelicht oder Stumpenkerze in das Innere stellen und sicher gehen, dass die Kerze auch »kippfrei« und sicher steht. Auf die Dunkelheit warten und Kerze anzünden – frohes Gruseln!

Futterhaus aus Kokosnuss

Die Winterzeit ist für Vögel meist mit Futternot verbunden. Gern fressen sie an den Früchten von Wildsträuchern oder besuchen Futterhäuser. Nachdem Selbstbauen am meisten Spaß macht, gibt es hier eine Anleitung, wie man aus der Schale einer Kokosnuss ein Futterhaus für kleinere Vögel baut.

MATERIAL UND WERKZEUG:

1. Kokosnuss
2. Draht
3. Hammer
4. Frühstücksmesser
5. Bohrmaschine und Bohrer (ca. 2mm)

2 Zum Spalten entlang des Umfangs hält man die Kokosnuss locker in der Hand und schlägt mit der spitz zulaufenden Hammerseite kurz und kräftig entlang des Umfangs der Nuss. Irgendwann entsteht ein erster Riss, den Sie durch weitere Schläge verlängern, bis die Schale in zwei möglichst gleich große Hälften geteilt ist.

1 Um die Kokosmilch aus der Nuss zu bekommen, durchstößt man mit dem Schraubenzieher den nachgiebigsten der drei Flecken am Kopfende der Nuss. Durch mehrfache Drehbewegungen bohrt man ein Loch durch Schale und Fruchtfleisch. Jetzt die Kokosmilch ablassen. Sie schmeckt sehr erfrischend!

3 Das Fruchtfleisch wird mit einem Frühstücksmesser entfernt und dient schon mal als Stärkung der »Baumeister«. Die leeren Schalenhälften werden dann wieder zusammengefügt. Dazu bohrt man, jeweils gegenüberliegend, in jede Hälfte drei Löcher, ca. 1 cm von der Bruchkante entfernt. Am Ende sollten sich drei gleichmäßig verteilte Löcher in jeder der beiden Schalenhälften befinden.

4 Mit ca. 10 cm langen, an den Enden zu einem U gebogenen Drahtstücken verbindet man die Bohrungspaare an der Bruchkante. Oben, neben dem Loch zum Ablassen der Kokosmilch, bringt man durch eine zweite Bohrung noch eine Drahtschlinge zum Aufhängen des Futterhäuschens an.
Aus Hygienegründen das Haus bitte regelmäßg mit heißem Wasser ausspülen!

Naturwissen

SO KLINGEN UNSERE GARTENVÖGEL

1. Neben melodiösem, wohltönendem Gesang gibt die Amsel als Warnung schrilles Gezeter von sich.
2. Mit »Zirrilitt« kann man die sehr hohen, schrillen Töne des Girlitz beschreiben.
3. Der Gesang des Grünfinks kann krächzend, aber auch melodisch zwitschernd ähnlich dem des Kanarienvogels sein.

Apfelquiz

Es ist ganz einfach, die Fülle der Natur zu entdecken und dabei noch Spaß zu haben und etwas für die eigene Gesundheit zu tun: Man nimmt verschiedene Apfelsorten aus dem eigenen Garten, vom Nachbarn, von der Streuobstwiese des Dorfes oder aus dem Obstgeschäft und veranstaltet einen Apfelwettbewerb. Gesucht wird der »Superapfel«!

MATERIAL UND WERKZEUG:
1. Äpfel
2. Teller, Messer
3. Papier und Stift für die »Testergebnisse«

1 Die Äpfel werden nebeneinandergelegt. Danach begutachtet jeder Teilnehmer die einzelnen Apfelsorten nach Farbe, Form und Aussehen. Riechen gehört natürlich auch zur kritischen Prüfung! Die Bewertungsergebnisse werden auf einem selbst gestalteten Testbogen festgehalten.

TIPP: Viele Apfelsorten mögen beim direkten Verzehr, frisch gepflückt vom Baum, nicht zu überzeugen. Sie müssen erst eine Weile gelagert werden, ehe sie ihren Geschmack entfalten. Andere Äpfel schmecken in Form von Saft, Kompott, Bratäpfel oder im Kuchen besonders gut. In der Vielfalt liegt die Kraft!
Übrigens: Ein Apfel ist erntereif, wenn sich durch Drehen der Frucht der Stiel leicht vom Ast löst!

2 Nun werden die Äpfel in kleine Probestücke geteilt und zur Verkostung bereitgelegt. Auch hier probieren und bewerten alle und verzeichnen die Unterschiede in Farbe, Geruch und Geschmack. Die Testergebnisse werden ebenfalls individuell festgehalten. Zum Schluss wird eine gemeinsame Auswertung vorgenommen und der »Superapfel« gekürt: Nicht immer ist der äußerlich schönste Apfel auch der schmackhafteste und nicht alle bevorzugen (zum Glück) den gleichen Apfel. So gibt es zumeist mehrere »Superäpfel«!

Löwenzahnrollen

Der Löwenzahn ist wegen seiner quietschgelben Blütenfarbe und weiten Verbreitung eine der ersten Blumen, die ein Kind kennt. Nach der Blüte ist es ein Riesenspaß, die Samen der Pusteblume mit ihren kleinen »Fallschirmchen« in die Luft zu blasen. Aber man kann auch einige Experimente mit den Stängeln des Löwenzahns durchführen.

MATERIAL UND WERKZEUG:
1. Wasser
2. Schere
3. Wasserglas
4. Scharfes Messer

1 Zunächst macht man sich auf die Suche nach Löwenzahnblüten, die samt Stiel ins Wasserglas gestellt werden. Man sollte am besten alte Kleider bei diesem Experiment tragen, denn Flecken der Löwenzahnmilch lassen sich nur schwer wieder herauswaschen.

2 Nun ritzt man die Stiele mit einem scharfen Messer an einem Ende leicht ein und stellt sie wieder in das Glas mit Wasser. Der Stiel reißt ein und rollt sich entlang der Ritze auf!

3 Was ist passiert? Die Konzentration der im Pflanzensaft gelösten Stoffe ist höher als die der im Wasser gelösten Stoffe. Um dies auszugleichen, nehmen die Pflanzenzellen Wasser auf. Wissenschaftler bezeichnen diesen Vorgang als »Osmose«. Die zarten Zellen auf der Innenseite der Stängel nehmen mehr Wasser auf als die auf der festen Außenseite – die Stängel ringeln sich nach außen.

Märchen vom Löwenzahn

Auf einer bunten Frühlingswiese lebte ein kleiner Löwenzahn ein glückliches Leben. Morgens nach der kühlen Nacht streckte er sein gelbes Blütenköpfchen lachend der Sonne entgegen und begrüßte fröhlich die anderen Blumen. Als eines Tages eine Schnecke vorbeikam, grüßte der Löwenzahn auch diese und fragte: »Wohin des Weges«? »Ich will meine Freunde hinter dem Maulwurfshaufen besuchen«, sagte die Schnecke und verschwand langsam aus seinem Blickfeld. Auch wenn dieser sich noch so reckte und streckte, er konnte sie nicht sehen, denn seine Wurzeln hielten ihn an Ort und Stelle. Von nun an träumte er von fernen Schneckenwelten hinter dem Maulwurfshaufen.
Am nächsten Tag war der kleine Löwenzahn ein Stück gewachsen und wurde von einer Biene besucht. Sie fragte, ob sie von seinem Nektar und Pollen nehmen dürfe. Als der Löwenzahn dies bejahte, wurde es doch recht kitzelig. Als die Biene fertig war, sagte sie, dass sie zurück in ihren Bienenstock müsse. Wo der denn sei, fragte der kleine Löwenzahn. »Der Bienenstock liegt hinter dem kleinen Hügel neben dem großen Apfelbaum«, sagte die Biene und flog davon. Der Löwenzahn reckte und streckte sich, weder Apfelbaum noch Bienenstock waren von hier aus zu sehen. In der folgenden Nacht träumte der Löwenzahn von fernen Bienenwelten.
Am nächsten Tag war unser Löwenzahn wieder ein Stück gewachsen und wurde von einem Schmetterling besucht. Auch der wollte von seinem Nektar kosten. Es kitzelte den Löwenzahn sehr, als der Schmetterling so auf ihm herumkrabbelte. Beim Abschied fragte der Löwenzahn: »Wohin willst Du«? »Mir gehört die ganze Welt! Ich fliege, wohin mich der Wind und meine Flügel tragen!«, rief der Schmetterling und entschwand. Unser Löwenzahn war nun ganz traurig, weil er so wenig von der weiten Welt wusste. In der nächsten Nacht träumte er sehnsüchtig von weiten Schmetterlingswelten.
Als der Löwenzahn am nächsten Morgen erwachte, war alles anders! Sein gelbes Blütenköpfchen war verschwunden, er hatte stattdessen einen weißen flauschigen Schopf. Im Verlauf des Tages wurde der immer puscheliger, und als ein Windstoß an ihm zerrte, flog der weiße Schopf in hundert Sternen in die Welt hinaus. War das wunderbar! Die Welt der Schnecke hinter dem Maulwurfshaufen hätte er vor lauter Aufregung fast übersehen. Und schon ging es weiter! Hinter dem Hügel neben dem Apfelbaum konnte er das emsige Treiben der Bienen sehen – die Luft war von ihrem Summen erfüllt. Mit einem weiteren Luftstoß verteilten sich all seine Schirmchen in der weiten Welt des Schmetterlings. Wo es ihnen gefiel, ließen sich die kleinen Schirmchen nieder und bohrten sich mit der unteren Spitze in die weiche Erde oder zwängten sich zwischen die Ritzen von Steinen. Da, wo sie genügend Wasser fanden, wuchs ein neuer freundlicher Löwenzahn, der von der weiten Welt zu träumen begann ...

(frei nach Suse Anthony)

Gruppenspiele im Garten

Schnell kann es vorkommen, dass sich neben den eigenen Kindern noch Freunde oder Schulkameraden zum Spielen einfinden. Das Kinderzimmer wird da schnell zu klein – was gibt es da Schöneres, als gemeinsam im Garten oder im nahen Park herumzutoben, seine Kreativität auszuleben oder spielerisch etwas über die Natur zu erfahren.

Farben suchen

Zu Anfang des Spiels versammeln Sie die Kinder im Garten an einem geeigneten Platz und erzählen eine Geschichte. Im Spätsommer oder Herbst kann es die Geschichte von der Maus Frederick sein, die Farben sammelt für den Winter (von Leo Lionni).

Danach bekommen die Kinder einzeln oder in Gruppen eine Farbe zugeteilt. Ihre Aufgabe ist es nun, im Garten während einer vorab vereinbarten Zeitspanne nach Gegenständen mit dieser Farbe zu suchen. Dann wird auf einer freien Fläche ein weißes Leintuch ausgebreitet. Die Geschichte von Frederick wird in Auszügen nochmals nacherzählt und an den jeweiligen Stellen breiten die Kinder ihre farbigen Schätze auf dem Leintuch aus.

Erstaunlich, wie viele Farben sich finden lassen.

Vogelsuche

Auf Kartonkärtchen werden Bilder verschiedener Gartenvögel geklebt oder gemalt. Von jeder Vogelart darf es ruhig auch mehrere Exemplare geben. Wichtig ist, den ganzen Kartensatz mit exakter Anzahl zwei Mal (für zwei Gruppen) vorrätig zu haben. Im Garten werden die Kinder in zwei Gruppen aufgeteilt. Jede Gruppe bekommt eine gleich große Anzahl an Vogelkärtchen und dazu genauso viel Holzwäscheklammern (keine bunten Wäscheklammern!). Während die eine Gruppe kurz um die Ecke verschwindet, versteckt die andere ihre Vogelkärtchen in einem zuvor abgesteckten Gebiet, indem sie sie mithilfe der Wäscheklammern an Pflanzen, Sträuchern, Zweigen oder Ähnlichem anklipst. Sind alle Kärtchen versteckt, darf die andere Gruppe das Gebiet betreten und versucht, möglichst viele »Vögel« zu entdecken. Danach tauschen die Gruppen. Sieger ist, wer die meisten Vogelkärtchen gefunden hat.

Beim Limbo ist Beweglichkeit – vor allem im Kreuz – gefragt.

»Limbo«

Ein langes Seil oder auch ein nicht zu schwerer Ast wird von zwei der größeren Kinder oder auch von zwei Erwachsenen an beiden Enden gehalten. Reihum darf nun jeweils ein Kind – bei Kindergeburtstagen beginnt natürlich das Geburtstagskind! – ansagen, auf welche Weise die »Brücke« von den anderen überwunden werden muss: oben drübersteigen, darunter hindurchkrabbeln, blind, hüpfend, rückwärts, auf einem Bein, zu zweit beim »Schubkarren-Fahren« ... Die beiden »Brückenpfeiler« sollten im Spielverlauf darauf achten, dass die Höhe der Brücke den jeweiligen Schwierigkeitsgraden und auch dem Alter bzw. den Fähigkeiten der Kinder entsprechend »angepasst« wird, sodass sie für keinen unüberwindlich wird.

Buntes Herbstlaub

An einem zentralen Platz in einem Garten oder Park mit vielen Laubgehölzen werden Schüsseln für jedes Kind gut erreichbar in einem großen Kreis aufgestellt. Auf ein vorher ereinbartes Signal hin schwärmen alle Kinder aus und versuchen, mit einem Strohhalm am Boden liegende Blätter so »anzusaugen«, dass sie ohne Handeinsatz hochgehoben und zu der abgestellten Schüssel transportiert werden können. Nach einer bestimmten Zeit ertönt das Schluss-Signal, und die Blätter in den Schüsseln werden gezählt. Wer die meisten erwischt hat, ist Sieger. Man kann auch »Sonderpreise« verteilen für die größten oder die kleinsten Blätter, für die bunteste Blattsammlung. Anschließend können für den Sieger Blattkronen geflochten werden. Oder alle Schüsseln werden auf einen großen Blätterhaufen zusammengekippt, in den die Kinder mit Anlauf hineinspringen!

Die Hände bleiben bei diesem Spiel außen vor!

Nacht

Wenn die Sonne hinter dem Horizont verschwunden ist, dann zeigt sich die Welt von einer anderen Seite: Ganz andere Pflanzen und Tiere treten nun in unser Blickfeld. Wo unsere Augen nichts mehr sehen, müssen wir uns auf unsere Hände und Ohren verlassen.

In der Stille der Nacht

Nachts draußen unterwegs sein – das gehört zu den spannendsten Unternehmungen, die sich Kinder vorstellen können. Selbst eine vertraute Umgebung wie der eigene Garten wirkt dann plötzlich ganz anders und geheimnisvoll …

> **Seltsame Schattenrisse lassen sich in der Nacht mit großen Blättern auf den Boden werfen.**

Die Welt in einer ganz neuen Atmosphäre erleben

Viele der vorgestellten Lebensräume üben in der Dämmerung oder nachts einen besonderen Reiz aus. In unseren Wohnungen oder in der Stadt erleben wir die Dunkelheit nicht so bewusst, instinktiv geht unsere Hand zum Lichtschalter oder die Straßenlaternen spenden Helligkeit. Außerhalb der »Zivilisation« brauchen unsere Augen eine gewisse Zeit, um sich an die Dunkelheit anzupassen. Mehr als sonst achten wir auf die Informationen, die wir über unsere Ohren erhalten. Fern der Geräusche, die innerhalb einer Stadt eigentlich immer zu hören sind, nehmen wir plötzlich im Wald oder auf der Wiese viel leisere und feinere Töne wahr. Töne, die wir oft nicht genau einordnen können und die Kindern manchmal auch unheimlich sein können.

GESCHÖPFE DER NACHT

Haben Sie beispielsweise schon einmal erlebt, wie eine Eule auf leisen Schwingen an Ihnen vorbeigleitet und Sie – so meint man wenigstens – plötzlich ihre Rufe vernehmen? Regelrecht laut erscheint einem in der nächtlichen Stille das Rascheln einer Maus oder das Schnarchen eines Igels …Bleiben Sie ruhig zu Anfang Ihrer Nachtexkursion einmal stehen und lassen Sie die Geräusche der Nacht auf sich und Ihre Kinder wirken. Erklären Sie im Flüsterton, von wem die Töne wahrscheinlich stammen, dann verlieren sie ihren Schrecken. Für viele Kinder ist der nächtliche Aufenthalt im Wald eine regelrechte Mutprobe. Nehmen Sie aufkommende Ängste ernst, Grusel- und Gespenstergeschichten sollten nur erzählt werden, wenn alle Teilnehmer ihren Spaß daran haben.

Nachts treten Tiere und Pflanzen in den Vordergrund, die wir tagsüber kaum wahrnehmen. Fantastisch ist es etwa zu verfolgen, wenn sich die bei Tag unscheinbaren Nachtkerzenblüten innerhalb weniger Minuten bei Sonnenuntergang öffnen. Sie verströmen einen betörenden Duft, der Nachtfalter anlockt. Der leuchtende Tanz der Glühwürmchen ist in dunklen Neumondnächten besonders beeindruckend. Manche Tiere nutzen den nächtlichen Rückzug der Menschen in ihre Wohnungen, um nun das Terrain nach Nahrung zu durchsuchen. So erscheinen Igel und Kaninchen oftmals erst, wenn die Menschen beim Abendbrot sitzen.
Die Sterne und erst recht der Mond lassen sich bei dunkler Nacht betrachten. Es ist spannend, die verschiedenen Sternzeichen am nächtlichen Himmel zu entdecken oder sich gemeinsam fantasievolle, neue auszudenken. Auch die einzelnen Mondphasen lassen sich nachts besser bestimmen, und bei einem Blick nach oben werden Mondkrater am Schattenrand auch ohne Teleskop besonders deutlich. Erst recht beglückt uns eine Sternschnuppe, die wir am dunklen Himmel durch ihr kurzes Aufblitzen bemerken. Man kann dem Glück auch ein wenig nachhelfen, indem man zur entsprechenden Jahreszeit schon in die Richtung späht, aus der die dann besonders häufig zu erwartenden Meteoritenschauer kommen werden, wie z. B. die Leoniden im November und die Perseiden im August.

GUT VORBEREITET

Nächtliche Ausflüge sollten Sie am besten ein wenig vorbereiten. Will man etwa ein paar Stunden im dunklen Wald verbringen, so sollte man die Wegstrecke schon einmal am Tag erkundet haben. Wo liegen Äste auf dem Weg? Wo gibt es Löcher am Boden? Wo hängen die Zweige so tief, dass man sich an ihnen verletzen kann? All diese Fragen sollten bereits im Vorfeld geklärt werden. Sind mehr Kinder dabei als man Hände hat, so kann ein Seil hilfreich sein. An dem können sich alle festhalten, keiner kann unterwegs verloren gehen. Für den Notfall sollten Sie auch eine Taschenlampe im Rucksack oder in der Jackentasche haben, mit einem Handy kann bei Bedarf Verstärkung angefordert werden.

> Es ist immer wieder erstaunlich, was und wer einem im nächtlichen Wald über den Weg laufen kann.

AM LAGERFEUER

Schön ist es, wenn ein nächtlicher Ausflug an einem offenen Feuer endet (siehe S. 168). In seinem warmen Licht kann das Erlebte besprochen werden. Vielleicht können Sie im Herbst auch einen Bauer fragen, ob Sie auf seinem abgeernteten Kartoffelfeld ein kleines Feuer mit dem getrockneten Kraut machen dürfen. Die bei der Lese übrig gebliebenen Knollen kann man dann in der Glut garen. Früher wurde so ein Kartoffelfeuer regelmäßig nach der Ernte veranstaltet. Was für ein Spaß, die angekokelten Kartoffeln aus der Glut zu fischen und hineinzubeißen – manche Kindheitserlebnisse vergisst man nie. Und es wäre schön, wenn sich auch unsere Kinder einmal an solche Geschehnisse erinnern könnten, wenn sie erwachsen sind. Wenn Ihnen das Kartoffelfeuer zu lange dauert, können Sie die Knollen auch zu Hause vorgaren oder sie zum Garen in Alufolie einwickeln. Denken Sie – egal, ob im Garten oder in der Natur angezündet – immer daran, dass Feuer gefährlich ist und es vollständig gelöscht werden muss, ehe Sie weggehen. Klar, dass nur dort ein Feuer angemacht wird, wo die naturschutzrechtlichen Vorgaben es erlauben.

Geschöpfe der Nacht

Viele Tiere haben besondere Fähigkeiten entwickelt, um nachts aktiv sein zu können. Und manche Pflanzen zeichnen sich durch spezielle Eigenschaften aus, um diese »Nachtschwärmer« anzulocken.

Die gelblich cremefarbenen Blüten des Duftgeißblatts verströmen spätnachmittags, abends und nachts einen intensiven, betörenden Duft, der Nachtfalter und Schwärmer zur Bestäubung anlockt.

Die Fledermäuse sind die einzigen Säugetiere und neben den Vögeln die einzigen Wirbeltiere, die aktiv fliegen können. Sie orientieren sich auf ihren nächtlichen Flügen mithilfe ihres Sonarsystems, mit desse Hilfe sie ihre Beute und Hindernisse in der Dunkelheit erkennen können.

So manche warme Sommernacht wird von kleinen, langsam vorbeifliegenden oder schwebenden Lichtpunkten erhellt: Hier sind Glühwürmchen unterwegs. Die kleinen Insekten oder Leuchtkäfer versenden vor allem zur Partnersuche ganz spezifische Leuchtsignale.

Die zitronengelben Blüten der Nachtkerze, die sich ab Juni in der Abenddämmerung innerhalb weniger Minuten ruckartig öffnen, sind meist bis zum nächsten Mittag verblüht. Sie duften süß und werden von zahlreichen Nachtfaltern besucht.

Die blass rosafarbenen oder weißlichen Blüten des Seifenkrauts entwickeln vor allem abends und nachts ihren feinen Duft, von dem sich Nachtfalter angezogen fühlen. Früher nutzte man die Pflanze zur Herstellung von Seifenlauge.

Eulen sind hervorragend an ihr nachtaktives Leben angepasst. Ihr rundlicher Kopf, den sie um bis zu 270° drehen können, in Verbindung mit den großen, nach vorn ausgerichteten Augen, ermöglicht es ihnen, Gegenstände und Beutetiere räumlich zu sehen. Der »Gesichtsschleier« der Schleiereule verstärkt die Geräusche, denen die Eule folgt.

Als Motten oder richtigerweise als Nachtfalter bezeichnet man die Schmetterlinge, die nicht zu den Tagfaltern gerechnet werden. Meist sind sie nicht so bunt wie diese. Mit ihren grauen und braunen Flügeln sind sie allerdings perfekt getarnt, wenn sie tagsüber auf einem ähnlich gefärbten Untergrund sitzen.

Der Europäische Dachs ist die größte einheimische Marderart. Er besitzt eine charakteristische schwarzweiße Gesichtszeichnung. Er geht hauptsächlich nachts auf Jagd und Futtersuche. Die Tage verschläft er meist in seinem unterirdischen Bau.

Bilche sind putzige Vertreter der Nagetiere, die man selten zu Gesicht bekommt. Zu ihnen gehören der Siebenschläfer und die Haselmaus. Die kleinen Kobolde halten einen monatelangen Winterschlaf und werden erst mit Einbruch der Dämmerung aktiv. Dann gehen sie in den Zweigen von Bäumen oder Sträuchern auf Futtersuche.

Waldblindschleiche

Den Wald erlebt man nachts ganz anders als tagsüber. Besonders interessant wird es, wenn man sich abseits ausgetretener Pfade für kurze Zeit »in die Büsche schlägt«. Jetzt sind vor allem Tastsinn und Gehör gefordert. Am besten benutzt man für die Nachtwanderung ein Seil, das alle ergreifen und dessen Anfang ein erfahrener Anführer hält.

MATERIAL UND WERKZEUG:

1. Seil
2. Taschenlampe

1 Alle Nachtwanderer ergreifen das ausgelegte Seil mit der linken Hand und stellen sich hintereinander auf. Der »Kopf« der Blindschleiche darf bei einsetzender Dämmerung die Augen offen lassen, die übrigen schließen sie und folgen vorsichtig dem Vordermann. Geübt wird zunächst auf einem ebenen Waldweg. Bei völliger Dunkelheit darf man zwischenzeitlich kurz eine Taschenlampe anschalten, um zu überprüfen, wie das nun folgende Wegstück beschaffen ist.

TIPP: Das Spiel macht auch am helllichten Tag großen Spaß, die Gruppe muss nur die Augen schließen. Das Erstaunen ist nach fünf Minuten groß, wenn die Augen geöffnet werden und man sich an einem neuen, unvermuteten Ort befindet. Von Augenbinden raten wir zumindest anfangs ab, denn jeder hat ein anderes Sicherheitsbedürfnis, zur Not können vorsichtige Teilnehmer ein wenig auf den Weg linsen.
Nicht vergessen, ausgetretene Pfade auch einmal zu verlassen!

2 Mit einer mutigen und erfahrenen Gruppe kann man in den Wald einbiegen und sich an zunehmend schwierigerem Gelände versuchen. So werden die Sinne geschärft. Nach kurzer Zeit fällt einem die Orientierung im Dunkeln erheblich leichter, die Augen gewöhnen sich an die Nacht. Weiterer Effekt: Man hört Dinge, die man vorher noch nie bewusst wahrgenommen hat.

Sternbilder finden

Der nächtliche Himmel ist übersät von unzähligen Sternen. Viele von ihnen wurden von den Menschen zu Sternbildern zusammengefasst. Oftmals dienten diese zur Orientierung oder waren Gegenstand von Mythen und Sagen. Es macht großen Spaß, die einzelnen Sternbilder am Himmel zu suchen oder sich neue auszudenken. Dies reicht von der »goldenen Bratpfanne« bis zum »lachenden Känguru«.

MATERIAL UND WERKZEUG:

1. Teelichter
2. Feuerzeug oder Streichhölzer

1 Legen Sie ein oder mehrere Sternbilder mithilfe von Teelichtern am Boden aus und zünden Sie diese an. Vorlagen finden Sie beispielsweise in Büchern.

2 Bitten Sie nun die Kinder, das entsprechende Sternbild am Himmel zu suchen. Ein wenig Hilfestellung wird dazu manchmal schon nötig sein!

3 Korrigieren Sie Ihr Teelicht-Sternbild gemeinsam mit den Kindern, wenn die glauben, dass das Vorbild am Boden noch nicht dem »großen Vorbild« am Himmel entspricht.

4 Sie können am Himmel auch »neue« Sternbilder suchen, die der Fantasie entspringen; so ist die »Bratpfanne mit Stiel« oder der »eierige Fußball« sehr beliebt. Diese »Sternbilder« können dann vom »Entdecker« mit Teelichtern nachgelegt werden. Die anderen müssen dann versuchen die neuen »Sternbilder« am Himmel zu entdecken.

Naturwissen

WER KENNT DIESE STERNE?

Eines der markantesten und auch bekanntesten Sternbilder am Nachthimmel der nördlichen Hemisphäre ist der Große Wagen, der auch Großer Bär

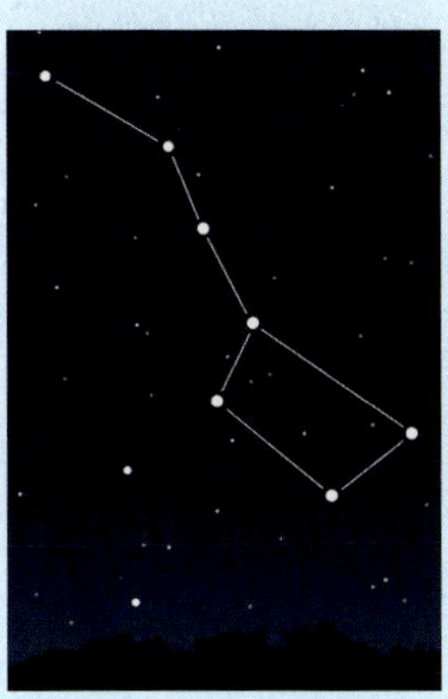

genannt wird. Seine sieben hellsten Sterne sind in Mitteleuropa nahezu das ganze Jahr über gut sichtbar. Verlängert man die kurze Seite des Wagens, die der Deichsel gegenüberliegt, um die etwa vierfache Strecke, so hat man den Polarstern gefunden, der fast genau Richtung Nordpol liegt.

Nachtschwärmer unterwegs

Wenn es Nacht wird, gehen die Tiere des Tages schlafen und die »Gesellen der Finsternis« betreten die Bühne. Neben Kauz und Fledermaus sind zahlreiche Insekten nachtaktiv. Sonst fände die Fledermaus auch schwerlich etwas zum Fressen! Die häufig als »Motten« diskriminierten Nachtfalter haben oft eine ganz eigene Schönheit. Im Schein einer Lampe kann man zahlreiche von ihnen beobachten.

MATERIAL UND WERKZEUG:

1. möglichst helle Taschenlampe
2. weißes Bettlaken
3. durchsichtige Plastikbecher oder große Becherlupen oder Marmeladengläser

1 Sobald es dämmert, breitet man mit den Kindern an einer möglichst ebenen und gut zugänglichen Stelle im Garten oder auch auf einer Wiese ein weißes Bettlaken aus. In die Mitte kommt die Lampe unter das Tuch. Und schon kann es losgehen!

2 Die auf dem Bettlaken gelandeten Tiere werden vorsichtig in durchsichtige Plastikbecher, große Marmeladengläser oder große Becherlupen befördert. Damit die zarten Glieder nicht beschädigt werden, kann man beispielsweise einen Pinsel verwenden.

3 Jetzt kann man die Nachtschwärmer genau studieren. Mithilfe von Bestimmungsbüchern oder -tafeln lässt sich sicherlich der Name so manchen nächtlichen Gastes herausfinden.

4 Denken Sie daran, die Tiere nicht zu lange in den Gläsern festzuhalten, sondern sie baldmöglichst wieder in die Freiheit entlassen! Da es im Sommer oft erst zwischen 22:00 und 23:00 Uhr richtig dunkel wird, kann es schon vorkommen, dass man sich auf der Jagd nach den »Nachtschwärmern« die halbe Nacht um die Ohren schlägt.

> Welcher Nachtschwärmer mag wohl dieses Mal in die Lichtfalle gegangen sein?

VARIANTE: Echte Schmetterlingskundler verwenden zum Lichtfang meist Leuchtstoffröhren, die einen hohen Anteil an blauem und ultraviolettem Licht (UV-Licht) aufweisen. Dieses können die Nachtfalter im Gegensatz zu eher gelblichem Licht sehr gut wahrnehmen. Wer einmal versuchen möchte, Nachtfalter mit UV-Licht anzulocken, muss dazu keine spezielle Lampe anschaffen, sondern kann einfach einen Gesichtsbräuner oder eine »Höhensonne« verwenden! Aber Vorsicht – auf keinen Fall selbst länger ins UV-Licht schauen, da dieses die Netzhaut des Auges schädigt!

Nachts sind alle Katzen grau

Wer nicht farbenblind ist, für den ist Farbensehen eine alltägliche Sache, über die man sich keine Gedanken macht. Doch während die Welt tagsüber für uns voller Farben ist, nimmt unsere Fähigkeit, Farben zu sehen, mit zunehmender Dunkelheit immer mehr ab. Warum ist das so? Die Nervenzellen, die für das Farbensehen zuständig isnd, sind weniger lichtempfindlich als die, die das Schwarz-Weiß-Sehen steuern. Deshalb nimmt das Auge bei nachlassender Lichtstärke nur noch Grautöne wahr.

Naturwissen

DAS MENSCHLICHE AUGE

Fällt weißes Licht durch ein Glasprisma, kann man sehen, wie sich das Licht darin bricht und in verschiedene Farben aufgespalten wird. Das bedeutet, dass weißes Licht aus verschiedenfarbigen Anteilen, den sogenannten Spektralfarben, besteht. Jeder Farbanteil des weißen Lichts hat eine andere Wellenlänge. Fällt Licht auf ein Objekt, werden von diesem – je nach Beschaffenheit und Material – verschiedene Wellenlängenanteile zurückgeworfen bzw. reflektiert, andere verschluckt. Trifft das reflektierte Licht auf die für das Farbsehen zuständigen Sinneszellen, die sogenannten Zapfen, erzeugt es dort den Farbeindruck. Je nach Wellenlänge ist das dann blau, grün, gelb oder rot oder ...

Neben den Zapfen verfügt das menschliche Auge über wesentlich lichtempfindlichere Sinneszellen, die sogenannten Stäbchen. Diese ermöglichen zwar nur ein Schwarz-Weiß-Sehen, dies allerdings in der Dämmerung oder fast dunkler Nacht. Mit schwindendem Licht können nur noch die Stäbchen arbeiten, deshalb sehen wir im Dunkeln nur noch schwarz-weiß.

1 Noch bei Tageslicht bestimmt man die Farben von mitgebrachten Buntstiften, Wollfäden oder Papierstreifen. Das geht wunderbar; sollte es bei hellem Tageslicht nicht funktionieren, sollte der Betreffende einen Augenarzt aufsuchen. Ist es bereits dunkel, kann man das Szenario zum Feststellen der Farben mit einer Taschenlampe erhellen.

MATERIAL UND WERKZEUG:

1. Buntstifte oder farbige Wolle
2. ggf. Papier
3. Taschenlampe

> Wie sieht das »Nachtbild« wohl im Tageslicht aus?

2 Bei einsetzender Dämmerung wird der Versuch wiederholt. Nun fällt es schon merklich schwerer, die einzelnen Farben auseinanderzuhalten. Mit zunehmender Dunkelheit wird der Versuch mehrmals wiederholt, bis keiner mehr die einzelnen Farben auseinanderhalten kann. Nachts sind nicht nur alle Katzen grau!

Naturwissen

DARUM IST WASSER BLAU

Scheint die Sonne auf eine Wasserfläche, dann wird der Rotanteil des Sonnenlichts bereits nach wenigen Metern unter Wasser geschluckt. Der blaue Lichtanteil dagegen wird am wenigsten geschluckt und am stärksten reflektiert, also zur Oberfläche zurückgeworfen. Darum sehen wir das Meer und viele andere Wasserflächen blau.

Schattenspiele

Wer hat nicht schon als Kind mit dem Schatten der Nachttischlampe ein Schattenspiel versucht? Das Ambiente ist noch prächtiger, wenn die Natur den Rahmen dafür liefert. Hier gibt es zuweilen auch akustische Untermalung in Form von Käuzchenrufen, Grillenzirpen und Froschgequake. Die Figuren für das Schattenspiel liefert die Natur gleich mit. Da wird aus dem Ast mit Blatt das Pferd des Ritters. Die zarte Blüte ist die Erstbesetzung für die Rolle der Prinzessin.

MATERIAL UND WERKZEUG:

1. Taschenlampe oder Laterne
2. weißes Tuch
3. Stecknadeln
4. ggf. Schnur / Wäscheklammern zur Befestigung der Schattenleinwand

1 Spannen Sie gemeinsam ein weißes Tuch in Spielhöhe zwischen zwei Äste, gegebenenfalls helfen Schnur und Wäscheklammern bei der Befestigung der Schattenspielleinwand, auf der man auch »Requisiten« in Form von Blättern anheften kann. Achten Sie darauf, dass genügend Platz für die Spieler und die Taschenlampe hinter der Leinwand vorhanden ist.

2 Fertigen Sie mit den Kindern aus herumliegendem Material eine Kulisse. Die einzelnen Blätter und Äste werden hierzu mit Stecknadeln an der Tuchhinterseite angebracht. Dann wählt man einzelne Zapfen, Blätter oder Äste als Spielfiguren (Ritter, Prinzessin, Königin, etc.) aus. Lampe an und das Spiel kann beginnen!

Rinden fühlen

Da wir im Dunkeln schlecht oder nur wenig sehen können, müssen wir unsere anderen Sinne verstärkt einsetzen. Neben Riechen und Hören gewinnt das Tasten und Fühlen an Bedeutung. Kann man Bäume nur anhand ihrer Rinde erkennen? Das ist hier die Frage! Aber selbst wenn es einem nicht gelingt, den Baum durch bloßes Befühlen seiner Rinde zu erkennen, so sind schon die unterschiedlichen Tastergebnisse und der Variationsreichtum der verschiedenen Sinneseindrücke Belohnung genug.

1 Wählen Sie gemeinsam einige Bäume Ihres Gartens oder im Park aus, die Sie kennen, oder bestimmen Sie diese anhand der Blätter, die ja im Hellen gut sichtbar sind.

2 Gehen Sie bei Dunkelheit mit den Mitspielern zum betreffenden Baum. Ist es noch nicht ausreichend dunkel, kann man zum Raten auch einfach die Augen schließen.

3 Die Mitspieler betasten den Baum und versuchen anhand der Rinde oder einzelner Zweige und Blätter oder Nadeln den Baum zu erraten. Die Struktur des Gefühlten wird beschrieben.

4 Kann man sich nicht auf einen bestimmten Baum einigen, kann die Taschenlampe zu Hilfe genommen werden. Reicht auch das nicht, so nehmen Sie ein Bestimmungsbuch für Bäume zur Hand. Gelingt es auch mit dessen Hilfe nicht, den Baum zu bestimmen, so war es ein interessantes Fühlerlebnis, und die Bäume bekommen Fantasienamen wie »Dickrindenbaum«, »Raubaum« oder »Glattstamm«.

> Zu zweit kann man sich miteinander austauschen, was man mit den Fingern spürt.

TIPP: Jedes »Baumkleid« fühlt sich anders an. Besonders glatte Rinde haben z. B. Kirschbäume, kaum Unebenheiten weisen die Rinden von Buchen und Hainbuchen auf, rau zerfurchte Rinde haben Eichen, schuppig abblätternde Rinde Platanen oder auch Schwarzkiefern.
Auch Alt und Jung lassen sich oft anhand der Rinde unterscheiden: Während die weiße Rinde junger Birken sich glatt anfühlt und leicht abziehen lässt, ist die Rinde alter Birken oft dunkelgrau und unter den Händen rau und runzelig.

Lagerfeuer machen

Wenn die Sonne untergeht wird es meistens merklich kühler. Gut geht es dem, der ein Lagerfeuer hat und dort Geschichten erzählen kann. Die Flammen regen die Fantasie an, und die Glut wärmt nicht nur den Körper. Auch Stockbrot oder Bratäpfel lassen sich nun prima braten.

MATERIAL UND WERKZEUG:

1. Feuerzeug
2. Teig für Stockbrot oder Äpfel
3. ggf. Taschenmesser zum Anspitzen der Stöcke
4. ggf. trockenes Material zum Anzünden

1 Suchen Sie mit den Kindern zunächst eine geeignete Stelle, entweder einen ohnehin frei gegebenen Feuerplatz oder eine Wiese, deren Besitzer dem Feuermachen vorher zugestimmt hat. Es sollten keine brennbaren ausgetrockneten Gräser oder Büsche in der Nähe sein. Auch unter den Ästen eines Baumes kommt Feuermachen nicht in Frage, da dieser sonst Schaden nehmen oder gar brennen kann.

2 Schichten Sie das Brennmaterial so übereinander, dass das leicht entflammbare Material, etwa trockenes Stroh oder Heu oder Zunder und kleine Äste, unten liegt und darüber einige dickere trockene Äste oder dünne Holzstücke in Form eines Tipis aufgestellt werden. Zünden Sie nun das leicht entflammbare Material an. Durch leichtes Pusten können Sie den Brand beschleunigen. Aber bitte Vorsicht: Nicht zu dicht rangehen!

Nächtliche Gruppenspiele

Eine Übernachtungsparty oder ein Fest, das sich bis in die Nacht hineinzieht, hat für Kinder einen ganz besonderen Reiz. Und gemeinsam macht es gerade nachts großen Spaß, auf Entdeckungsreise zu gehen – denn schließlich kann man in der Gruppe den »Geschöpfen der Nacht« viel mutiger entgegentreten!

Geheimsache

Alle Kinder verstecken sich in einem zuvor abgesteckten Areal. Der Spielleiter gibt dann möglichst unbemerkt einem Kind die »Geheimsache«, einen zuvor gefundenen Gegenstand (z. B. Stein, Zapfen, Holzstück). Das Kind versucht nun seinerseits schnellstens ein anderes Kind zu finden und diesem die »Geheimsache« weiterzugeben. Wer gefunden wird, muss die »Geheimsache« auch annehmen. Nach einer bestimmten Zeit gibt der Spielleiter ein Signal. Wer jetzt gerade die »Geheimsache« in Händen hält, hat verloren. Aber: Neue Runde, neues Glück!

Wer die »Geheimsache« hält, hat leider verloren!

Vampirspiel

Mit einsetzender Dämmerung erscheinen die Wesen der Nacht, auch Vampire treiben ihr Unwesen. Aber wer ist Vampir, wer nicht? Um das herauszufinden, stellen sich mindestens sechs Spieler in einem Kreis auf einem Feld von 10 x 10 Metern auf und schließen die Augen. Hier sollen sie sich vorsichtig durch Herumtasten bewegen. Achtung! Es soll zu keinen Zusammenstößen kommen! Der erste Vampir wird durch ein für die übrigen Mitspieler nicht zu sehendes Signal von der Spielleitung bestimmt. Begegnen sich zwei Spieler, so öffnen sie die Augen und zeigen durch die entsprechende Geste, ob sie Vampir oder ängstlicher Mensch sind. Vampire machen gruselige Grimassen, nicht infizierte Menschen machen eine ängstliche Geste und ducken sich. Begegnen sich Vampir und Mensch so wird der Mensch (ohne Biss) auch zum Vampir. Begegnen sich zwei Menschen, passiert nichts. Begegnen sich zwei Vampire, so werden sie wieder »entvampirisiert« und zu normalen Menschen. Das Spiel ist zu Ende, wenn sich nur noch Menschen oder nur noch Vampire auf dem Spielfeld befinden. Und dann geht es von Neuem los!

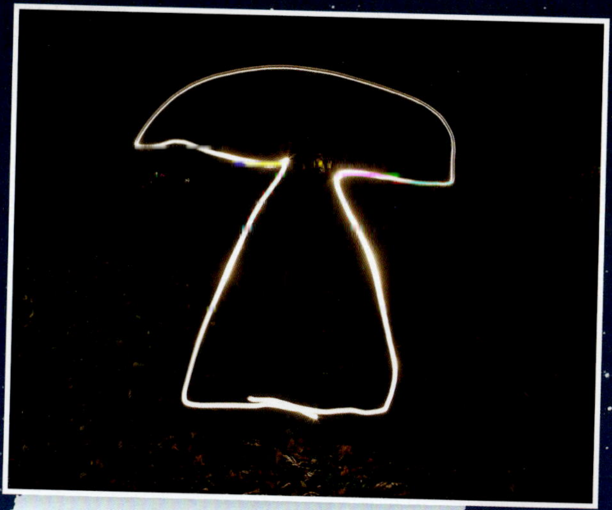

Dieses Bilderrätsel ist ganz einfach zu erraten, oder?

Stumme Post

Ähnlich wie beim Spiel »Stumme Post«, bei dem einer dem anderen etwas mit dem Finger auf den Rücken schreibt oder malt, das der andere erkennen muss, darf hier jeder reihum etwas mit der Taschenlampe auf den Waldboden oder einen anderen, möglichst dunklen Hintergrund schreiben oder malen, das die anderen erraten müssen.

Schatten-Raten

Ähnlich wie beim »Schattenspiel« wird an einer geeigneten Stelle eine Schnur gespannt, ein Leintuch aufgehängt und mit einer Taschenlampe eine »Schattenspiel-Bühne« installiert. Die Kinder teilen sich in zwei Gruppen auf. Abwechselnd tritt immer ein Kind der einen oder anderen Gruppe vor die Leinwand, wobei es sich zuvor mit Naturmaterialien »maskiert« hat. Die Kinder der anderen Gruppe versuchen zu erraten, wer das »Schattenmonster« ist.

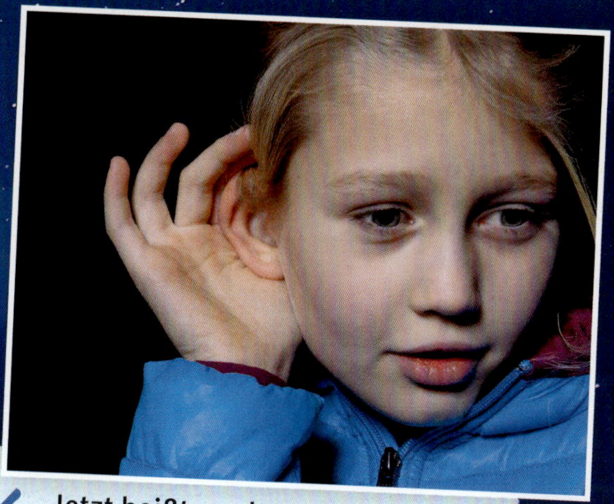

Jetzt heißt es aber ganz genau hinhören!

Geräusche jagen

Es werden zwei Gruppen gebildet, von denen die eine die der »Jäger« ist, die andere die »Beute«. Die Kinder der »Beute«-Gruppe verständigen sich auf ein Geräusch oder mehrere Geräusche und verteilen sich möglichst lautlos in einem zuvor abgesteckten Spielfeld. Auf ein Startsignal hin beginnen sie damit, in kurzen oder längeren Abständen immer wieder Geräusche von sich zu geben, möglichst ohne sich von ihrem Platz wegzubewegen. Die »Jäger« versuchen nun, aufgrund der Geräusche ihre »Beute« zu erwischen. Wer gefangen ist, wird ebenfalls zum »Jäger«. Das Spiel endet, wenn alle gefangen sind, dann werden die Rollen vertauscht.

Matsch-wetter

Mieses Wetter ist kein Grund, sich drinnen zu verstecken. Spätestens, wenn man wieder ins Warme zurückkehrt, merkt man, wie gut einem der Aufenthalt in der frischen Luft getan hat. Das gilt besonders für Kinder, die mit Gummistiefeln fröhlich durch die Pfützen hüpfen.

Im Regen unterwegs

Sie wollen etwas unternehmen, aber draußen regnet es in Strömen? Das heißt noch lange nicht, dass Sie und die Kinder in der Wohnung hocken müssen. Es gibt tolle Unternehmungen, die auch bei Schmuddelwetter unheimlich viel Spaß machen. Ob das Wetter wirklich schlecht ist, entscheidet sich zunächst an der eigenen Kleidung.

Es gibt zwar schlechtes Wetter, aber die Kleidung macht‘s

Will man bei Schmuddelwetter nach draußen, so ist es wichtig, dass die ganze Familie in die richtige Kleidung eingepackt wird: Mit nassen Füßen und durchgeweichter Kleidung macht das Draußensein keinen Spaß. Gummistiefel sowie regendichte Jacken, Handschuhe und Kopfbedeckungen gehören ebenso dazu wie eventuell eine Thermoskanne mit warmem Kakao oder heißem Früchtetee. Und man darf nicht mit der Erwartung rausgehen, dass alle mit »blütenweißer Weste« zurückkommen, aber schließlich gibt es ja eine Waschmaschine in (fast) jedem Haushalt.

WOHIN BEI REGENWETTER?

Keiner hat Lust, sich bei Wolkenbrüchen auf einer ungeschützten Fläche aufzuhalten. Besser ist es, im Wald zu sein, wo die Bäume einen Teil des Wassers mit ihren Kronen auffangen. Schauen Sie mal genau hin, in welchen Bereichen sich das meiste oder das wenigste Wasser sammelt: Bei Buchen fließt das Wasser regelrecht am Stamm abwärts, bei Fichten oder Tannen tropft das Wasser von den äußeren Zweigenden nach unten. Und während draußen auf der Straße das Wasser schon oberflächlich zum nächsten Gully hin abfließt, ist im Wald gerade einmal die oberste Bodenschicht feucht geworden. Von Sturzbächen, wie sie innerhalb von Ortschaften in kürzester Zeit auftreten, ist im Wald noch nichts zu spüren – besser kann man die Wasserrückhaltefähigkeit von Wäldern und Natur, die anhand der immer häufiger auftretenden »Jahrhunderthochwasser« immer wichtiger wird, nicht demonstrieren.

Meiden Sie auch im Wald Flächen, wo Heidelbeeren, Farne oder Sträucher knie- oder hüfthoch wachsen. Schnell wird die Kleidung pitschnass, wenn man daran entlangstreift, da helfen dann selbst Regenjacken und Gummischuhe nicht als Schutz gegen die Nässe. Herrschen kühle Temperaturen, so sollten Sie nicht auf Unternehmungen setzen, bei denen man

> **Gummistiefel sind bei Matschwetter ein Muss für »Experimente« in der Pfütze.**

> **Zu zweit kann man viele verschiedene Wellenbilder in einer großen Pfütze erzeugen.**

längere Zeit stillstehen muss, dadurch wird einem schnell kalt. Besser ist es, auf kleinen Wanderungen und Spaziergängen, die den Kreislauf anregen, die Umgebung zu entdecken. Bei warmem Sommerwetter hingegen kann es ein riesiger Spaß sein, nur mit einer Badehose bewaffnet in den Garten zu gehen und sich vom Sommerregen berieseln zu lassen. Jetzt kann man für kurze Zeit herrlich im Matsch des Sandkastens spielen – allerdings nicht zu lange, denn auch bei warmer Luft kühlen kleine Kinder besonders an Armen und Beinen leicht aus.

WETTERPROPHETEN UNTER SICH

Nichts ist schlimmer, als wenn eine Unternehmung, auf die sich alle gefreut haben, im wahrsten Sinne des Wortes ins Wasser fällt. Dabei kann es äußerst interessant sein, einmal bewusst auf die Zeichen der Natur zu achten, die einen Wetterwechsel ankündigen können. Tieffliegende Schwalben sollen beispielsweise Regen voraussagen – Meteorologen und Zoologen haben eine Bestätigung für diese Regel gefunden: Fällt der Luftdruck, was auf Regen schließen lässt, so fehlen die warmen Aufwinde, die die Insektennahrung der Schwalben in höhere Luftschichten tragen. Die Tiere halten sich dann eher in Bodennähe auf; die Schwalben folgen naturgemäß ihrer Beute und fliegen dann auch tief. Ähnliches kann man bei Fischen im Teich beobachten, die kurz vor dem Regen dicht unter der Wasseroberfläche unterwegs sind, wo jetzt die Fliegen darüberschwirren. Auch in der Pflanzenwelt gibt es Arten, die einen Wetterwechsel vorhersagen: Ringelblumen und Gänseblümchen schließen vor einem Schauer ihre Blüten; steht schlechtes Wetter in Aussicht, so öffnen sie sich am Morgen erst gar nicht. Sehr zuverlässig ist auch das Verhalten von Kiefern- oder Fichtenzapfen vor einem Wetterwechsel: Steigt die Luftfeuchtigkeit und damit die Niederschlagswahrscheinlichkeit, so schließen sich die Zapfenschuppen, sinkt sie, so öffnen sie sich. Besonders Kinder sind immer wieder beeindruckt, wenn sie dieses »Naturbarometer« in Aktion erleben können.

Matschwetter-Propheten

Manche Tiere und Pflanzen sind regelrechte Wetterpropheten. Wer sie genau beobachtet, kann eine aufkommende Regenfront vorhersagen.

Begegnen einem Schnecken, insbesondere Nacktschnecken, auf eher trockenem Untergrund, dann steht wahrscheinlich Regen an, denn sie spüren schon vorher die steigende Luftfeuchtigkeit.

Regenwürmer reagieren sensibel auf bevorstehendes Regenwetter: Sie verlassen dann ihr unterirdisches Reich, beginnen, aus der Erde zu kriechen und begegnen uns ungewöhnlich häufig an der Erdoberfläche.

Kiefernzapfen, aber auch Fichten- und Lärchenzapfen schließen ihre Schuppen bei steigender Luftfeuchtigkeit, d. h. bei nahendem Regenwetter. Herrscht Sonnenschein, öffnen sich die Zapfenschuppen wieder.

»Wenn die Schwalben niedrig fliegen, werden wir bald Regen kriegen«. Beobachten Sie doch mal, ob diese alte Wetterregel stimmt.

Beim Sauerklee, der an schattigen Stellen im Wald wächst, klappen die Einzelblättchen regelrecht nach unten, wenn Regen bevorsteht. Erst wenn die Luftfeuchtigkeit deutlich abnimmt, richten sie sich wieder auf.

Die Ringelblume schließt ihre gelben oder orangefarbenen Blüten meist schon einige Stunden vor Beginn eines Regenschauers oder öffnet sich am frühen Morgen gar nicht erst, wenn einer im Anmarsch ist.

Die Knospen und Blüten der jungen Sonnenblumen wenden sich immer der Sonne zu. Über Nacht richten sie sich wieder nach Osten aus und erwarten den Sonnenaufgang.

Mücken, die kleinen Plagegeister, sind nicht besonders beliebt. Ausgesprochen aggressiv und stechwütig sollen sie vor Regen sein.

Damit bei Regen der Pollen in seinen Blüten nicht nass wird, lässt der Klatschmohn bei bevorstehendem Regenwetter seine Blumenköpfchen nach unten hängen – und zwar schon einige Stunden vor dem ersten Schauer.

Früher schwor man darauf, dass ein Frosch in einem Glas oder Terrarium eine Leiter hochklettern, wenn schönes Wetter bevorsteht. Tatsächlich sind Frösche, Molche & Co. lediglich bei feuchtem Wetter häufiger unterwegs.

Tipi bauen

Der Wald bietet eine reichhaltige Auswahl an Baumaterialien, die zum Burgen- und Höhlenbau geeignet sind. Man kann sich daraus auch einen Unterstand für Regenwetter bauen. Das hat zwei Vorteile: Bei einsetzendem Nieselregen ist der Waldboden, geschützt durch die Baumkronen, noch nicht nass. Außerdem wird einem beim Bau durch die Arbeit warm – und dann stört der einsetzende Regen kaum noch.

MATERIAL UND WERKZEUG:
1. Schnur oder dünnes Seil
2. ggf. Plastikplane

1 Suchen Sie mit den Kindern ein Areal im Wald, wo viele Äste mit einer Länge zwischen zwei und drei Metern am Boden liegen.

2 Wählen Sie nun gemeinsam einen Baum, dessen erste Astansätze ca. 1 – 2 Meter über dem Boden beginnen. Gut eignet sich auch ein Baum mit einem tief hängenden waagerechten Ast.

3 Gemeinsam wird Baumaterial gesammelt. Jeder packt mit an! Die Äste werden schräg in die »Abzweigungen« der Äste vom Stamm des zentralen Baums gelegt oder an den waagerechten Ast gelehnt. Zur Sicherheit können einige tragende Äste am Stamm festgebunden werden. Nun wird so lange Astmaterial angelegt, bis ein möglichst geschlossener Kegel oder eine lang gezogene Höhle entsteht. Tür nicht vergessen – fertig!

4 Die Standfestigkeit sollte ein Erwachsener prüfen. Nach erfolgter »TÜV-Abnahme« kann der Einzug beginnen, die Geschichten warten schon.

> In so einer »Asthöhle« kann man bei Regenwetter gemütliche Stunden verbringen.

TIPP: Nach dem gemeinsam verbrachten Nachmittag wird das Tipi wieder abgebaut. Sollten Sie den Platz regelmäßig aufsuchen, so können Sie es (nach Absprache mit dem Waldbesitzer!) auch einige Zeit stehen lassen. Die Standfestigkeit sollte zwischenzeitlich aber überprüft werden. Durch verrottende Ästen kann eine Gefahrenquelle für andere Kinder enstehen.

Montagsmaler

Bei nassem Wetter kann man mit Stiefelspitze und Ästen wunderbar Zeichnungen auf dem matschigen, plastischen Boden kreieren. Wir machen daraus ein Spiel, das drinnen bei den Kindern sehr beliebt ist: die Montagsmaler. Sie werden erstaunt sein, wie schnell das schlechte Wetter dabei vergessen ist!

1 Ein kleiner Bereich des Bodens wird als »Leinwand« vorbereitet: Die Kinder ebnen den Boden und befreien ihn von Bewuchs, sodass eine »bemalbare« Oberfläche entsteht. Dann zeichnet jeder sein individuelles Bild von einem bestimmten Tier in die Erde. Die anderen können raten, um welches Tier es sich handelt.

2 Man kann auch einen Wettbewerb daraus machen: Die Kinder teilen sich dazu in zwei Gruppen auf, jede denkt sich einige Begriffe aus der Tier- und Pflanzenwelt aus. Jeweils ein Spieler der anderen Gruppe muss einen dieser Begriffe mit möglichst wenigen Strichen mit einem Stock in die Erde zeichnen – die anderen Gruppenmitglieder müssen den Begriff raten. Gewonnen hat die Gruppe, die möglichst viele Begriffe in einer vorgegebenen Zeit errät.

Schneckenrennen

Bei Matschwetter kommen viele Schnecken aus ihren Verstecken hervor und entfalten Aktivitäten, die man ihnen gar nicht zugetraut hätte. Das wird gleich ausgenützt, um ein Rennen mit ihnen zu veranstalten! Besonders Gehäuseschnecken lassen sich an ihrem Schneckenhaus leicht anfassen, ohne dass man mit dem Schleim in Kontakt kommt und ohne dass man die Tiere schädigt.

1 Suchen Sie gemeinsam die geeignete Rennstrecke für die schleimigen Starter aus. Eben sollte sie sein, Steinchen im Untergrund hemmen die Lauflust. Je feuchter, desto besser und schneller das »Rennen«!

2 In einer festgelegten Entfernung vom Mittelpunkt werden verschiedene Ringe aus Steinen, Grashalmen oder ähnlichen Naturmaterialien in Form einer Zielscheibe auf den Boden gelegt.

3 Jeder wählt sich seine »Rennschnecke« aus. Diese werden, wie richtige und wertvolle Rennpferde, mit Respekt behandelt, vorsichtig zum »Rennplatz« an den Start gebracht und mit verschiedenfarbigen Blättern markiert.

4 Startpunkt ist die Mitte des »Rennplatzes«, wo alle Schnecken abgesetzt werden. Gewonnen hat, wessen Schnecke zuerst den äußersten Ring »überschreitet«. Anfeuern nicht vergessen!

5 Nach Ende des Spiels werden die Tiere wieder vorsichtig an ihren Fundort gebracht!

› Ist der Rennplatz vorbereitet, können Prognosen zum Rennausgang abgegeben werden.

Naturwissen

SCHNECKEN MIT HAUS

Weinbergschnecken sind in Mitteleuropa häufig anzutreffen. Die Tiere erreichen in der Natur ein Alter von bis zu acht Jahren: Hält man sie dauerhaft beispielsweise in einem Terrarium, können sie sogar bis zu 20 Jahre alt werden! Zum Überwintern verkriechen sie sich in der Erde und verschließen ihr Haus mit einem Kalkdeckel.

Steine werfen

Ein Spiel, bei dem das Wasser so richtig schön nach allen Seiten spritzt – das ist bei Matschwetter der absolute Hit. Gerade bei warmem Regen macht das Spaß, bei kaltem Wetter braucht man zwischendurch eine Tasse mit einem heißen Getränk: zum inneren und äußeren Anwärmen von Magen und Händen.

1 Gemeinsam sucht man eine große, flache Pfütze, am besten auf einem wenig befahrenen Feldweg. In deren Mitte wird ein Stein oder ein Turm, bestehend aus mehreren Steinen, als Ziel gestellt – »Schweinchen« wird dieser Mittelpunkt beim Boccia-Spielen genannt.

2 Von einer gemeinsamen Startlinie aus versucht man nun, das »Schweinchen« zu treffen. Als Geschosse dienen Zapfen, Steine, Kastanien oder Ähnliches. Wer am meisten Treffer für sich verbuchen kann oder dem Ziel am nächsten kommt, hat gewonnen! Unterschiede im Alter oder in der Geschicklichkeit zwischen den teilnehmenden Kindern kann man mit Startlinien, die näher oder weiter vom Ziel entfernt sind, ausgleichen.

Grupenspiele im Matschwetter

Nässe von oben, Matsch von unten. Regenwetter und Pfützen voller Wasser sind genau das, was für die Gruppenspiele unbedingt notwendig ist. Ausgerüstet mit Gummistiefeln und Regenkleidung steht dem feuchtfröhlichen Vergnügen dann nichts mehr im Wege.

Regen messen

Jeder Mitspieler bekommt einen Becher gleicher Größe. Jeder gibt eine Schätzung ab, wie viel Regen es in einer vorher vereinbarten Zeit – z. B. 10 oder 15 Minuten – sammeln kann. Dann geht es los. Mit den in den Regen gehaltenen Bechern versucht jeder möglichst schnell, die geschätzte Wassermenge zu sammeln. Man kann auch kleine Messbecher verwenden, um den Kindern einen Eindruck von Mengen und Maßen zu vermitteln.

Schiffchen – nicht – versenken

Ausgerüstet mit Kronkorken oder anderen Flaschenverschlüssen sucht man sich eine oder mehrere Pfützen oder Regentonnen, die für die Kinder gut zu erreichen sind. Sie bekommen nun den Auftrag, ihre Kronkorken im Wasser schwimmen zu lassen und darin kleine Kieselsteine so zu deponieren, dass die »Frachter« nicht untergehen. Bei geübten »Frachtschwimmern« können auch mehrere Kronkorken pro Kind gestartet werden. Sieger ist, dessen Boot am meisten Steine aufgenommen hat und trotzdem noch schwimmt, oder der, der am meisten Frachtkähne erfolgreich vom Stapel laufen lässt. Sie können dieses Spiel auf einem Spaziergang auch ganz spontan mit anderen »schwimmenden Untersätzen« spielen, etwa großen Blättern oder einem Stück Baumrinde.

Wie viel »Last« trägt ein schwimmender Kronkorken?

Brückenbau

Etwas Geschick braucht man zum Überqueren der Astbrücke.

Suchen Sie gemeinsam eine große Pfütze und verschieden starke bzw. dicke Äste. Sie können auch ein schmales Holzbrett von zu Hause mitbringen. Beginnend mit dem dicksten Ast oder dem breitesten Brett, die als »Brücke« dienen, überqueren die Kinder der Reihe nach balancierend eine Pfütze ohne hineinzutreten. Je nach Art der »Brücke« kann man den Schwierigkeitsgrad variieren.

Bei so viel Elan ist die Pfütze gleich leer gehüpft!

Pfütze leer hüpfen

Kleidung, die nass werden darf, warmes Wetter und eine Dusche in der Nähe sind die Voraussetzungen für dieses beliebte Spiel: Jedes Kind sucht sich eine Pfütze, alle Pfützen sollten ungefähr gleich groß sein. Auf ein Kommando fangen die Kinder an zu hüpfen – wer seine Pfütze als Erster »leer gehüpft« hat, ist Sieger.

Register

Bücher und Adressen, die Weiterhelfen

Literatur

Bergmann, H.: **Die besten Ideen für kleine Gärtner, Spielefans, Abenteurer und Entdecker.** Gräfe und Unzer Verlag, München

Brandt, Ingrid v.: **Insekten und Schmetterlinge: Die wichtigsten Arten entdecken und bestimmen.** Gräfe und Unzer Verlag, München

Harder, C., Speh, B.: **Abenteuer Nachtwanderung; Tipps und Tricks für einen unvergesslichen Ausflug in die Dunkelheit.** Moses Verlag, Kempen

Hoffmann, I. und A., Schulze, H., Neiser, A.: **Lebensräume entdecken. Fluss und Teich.** Ensslin im Arena Verlag, Würzburg

Hofmann, H.: **Bäume und Sträucher: Die wichtigsten Arten entdecken und bestimmen.** Gräfe und Unzer Verlag, München

Hofmann, H.: Gartenvögel: **Die wichtigsten Arten entdecken und bestimmen**. Gräfe und Unzer Verlag, München

Hudak, R., Harazim, H.: **Gartenschätze. Küchengarten für Selbstversorger.** Gräfe und Unzer Verlag, München

Hüther, G.: **Biologie der Angst. Wie aus Streß Gefühle werden.** Vandenhoeck & Ruprecht, Göttingen

Lang, A.: **Blumen: Die wichtigsten Arten entdecken und bestimmen.** Gräfe und Unzer Verlag, München

Laußer, M.: **Tierspuren: Die wichtigsten Spuren entdecken und bestimmen.** Gräfe und Unzer Verlag, München

Lionni, L.: **Frederick.** Beltz Verlag, Landsberg

Lucht, I.: **Die große Natur-Uhr. Das Jahr der Vögel, der Wiese und des Waldes.** Ellermann Verlag, Hamburg

Tautz, J., Sander, K.: **Der Bien – Superorganismus Honigbiene.** (Audio-CD). Supposé Hörbuchverlag, Berlin

Spitzer, M.: **Erfolgreich lernen in Kindergarten und Schule.** (DVD) Auditorium Netzwerk, Jokers Edition, Augsburg

Verbände

Bund für Umwelt und Naturschutz Deutschland e.V. (BUND)
Am Köllnischen Park 1
10179 Berlin
www.bund-naturschutz.de

Deutsche Gesellschaft für Gartenkunst und Landschaftskultur e.V. (DGGL)
Wartburgerstraße 42
10823 Berlin
www.dggl.org

Deutscher Alpenverein e.V. (DAV)
Von-Kahr-Straße 2-4
80997 München
www.alpenverein.de

Deutscher Tierschutzbund e.V.
Baumschulallee 15
53115 Bonn
www.tierschutzbund.de

Deutscher Wanderverband e.V.
Wilhelmshöher Allee 157 - 159
34121 Kassel
www.wanderverband.de

Landesbund für Vogelschutz in Bayern e.V. (LBV)
Eisvogelweg 1
91161 Hilpoltstein
www.lbv.de

Naturschutzbund Deutschland e.V. (NABU)
Charitéstraße 3
10117 Berlin
www.nabu.de

Netzwerk Schweizer Pärke
Monbijoustrasse 61
CH-3007 Bern
www.paerke.ch

Verband Deutscher Naturparke e.V.
Platz der Vereinten Nationen 9
53113 Bonn
www.naturparke.de

Verband Deutscher Sportfischer e.V.
Siemensstraße 11 - 13
63071 Offenbach am Main
www.vdsf.de

Verband der Naturparke Österreichs
Alberstraße 10
A-8010 Graz
www.naturparke.at

Weitere Infos im Internet

www.amphibienschutz.de
Internetauftritt des NABU zu aktuellem Amphibien- und Reptilienschutz

www.familienhandbuch.de
Informationen des Staatsinstituts für Frühpädagogik – auch zum Thema Natur

www.insektenbox.de
Bebilderte Informationen zur Lebensweise von über 2000 Insektenarten, die in Mitteleuropa zu Hause sind

www.naturdetektive.de
Kinderseite des Bundesamts für Naturschutz

www.silviva.ch
Breites Angebot zu naturbezogener Umweltbildung in der Schweiz

www.waldpaedagogik.at
www.waldpaedagogik.de
Abenteuer Wald in Begleitung geschulter Pädagogen erleben

www.waldwissen.net
Infos zur Waldpädagogik deutschlandweit

Die Autoren

Das Autorenehepaar Harald Harazim und Renate Hudak hat in den letzten Jahren ein umfangreiches Angebot an umweltpädagogischen Aktionen, Kursen und Projekten für Kinder und Jugendliche entwickelt und durchgeführt. Neben zahlreichen Veranstaltungen für und mit Kindern haben sie verschiedenste Module für Pädagogen und Eltern entwickelt, um Kindern (und Erwachsenen) den Umgang mit der Natur nahezubringen oder neu zu erlernen und praktisch zu erleben.

Renate Hudak ist Diplom-Ingenieurin für Gartenbau und seit 1993 im Botanischen Garten Augsburg für die Öffentlichkeits- und Pressearbeit, die Organisation des Veranstaltungsprogramms, Kreisfachberatung und Umweltpädagogik zuständig. Ihre besondere gärtnerische Leidenschaft gilt dem heimischen Stauden- und Nutzgarten sowie den Kräutern und deren Verwendung und Verarbeitung.

Nach seiner Ausbildung und Arbeit als Maschinenbauer an der TU-Braunschweig studierte **Harald Harazim** Europarecht. Er war als Referent im Bereich transnationaler Teambildung und Kommunikation tätig. Nach einem Intermezzo bei einem großen deutschen Energieunternehmen ist er seit 2007 als Naturlehrer und freier Autor tätig. Neben dem Bauen mit Naturmaterialien und dem Erlebnis in und mit der Natur bilden Experimente, die naturwissenschaftliche Hintergründe erklären, seinen Schwerpunkt.

Mehr zu den beiden Autoren und ihrer Arbeit finden Sie auf deren Homepage: www.renate-hudak.de

Dort erhalten Sie mehr Informationen zu aktuellen Seminaren, Projekten, Vorträgen und Führungen.

Impressum

Projektleitung: Maria Hellstern
Lektorat: Christa Klus-Neufanger
Bildredaktion: Petra Ender
Umschlaggestaltung und Layout: independent Medien-Design, Horst Moser, München
Herstellung: Petra Roth
Satz: Ludger Vorfeld
Reproduktion: Longo AG, Bozen
Druck und Bindung: Firmengruppe APPL, aprinta druck, Wemding

Printed in Germany

ISBN 978-3-8338-3680-0

1. Auflage 2014

www.facebook.com/gu.verlag

Umwelthinweis

Dieses Buch ist auf PEFC zertifiziertem Papier aus nachhaltiger Waldwirtschaft gedruckt.

Der Fotograf

Bernhard Haselbeck lebt und arbeitet in München. Er ist als selbstständiger Fotograf für verschiedene Verlage, Zeitschriften und Unternehmen tätig. Auch in seiner Freizeit verbringt er gerne viel Zeit mit seinen zwei Kindern in der Natur. Weitere Informationen finden Sie unter: www.bernhardhaselbeck.de

Alle Fotos in diesem Buch stammen von **Bernhard Haselbeck,** außer:

Corbis: 78, 103-1, 118-119; F1online: 18-1, 18-3, 54-4, 176-4, 177-3; Petra Ender: 13, 179-1; Fotolia: 18-4; 148-149; Getty Images: 18-2, 79, 103-2, 150-151, 154-155, Imago: 54-1, 65-3, 74-2, 86-2, 86-4, 110, 125-3, 143-4, 154-2, 154-3, 154-5, 155-1, 155-3, 155-4; Masterfile: 79-1, Plainpicture: 14, 153, 168, 172-173, Shutterstock: 18-5, 25-1, 48-49, 52, 54-2, 54-3, 54-5, 54-6, 59-3, 67-3, 80-81, 86-1, 86-5, 86-6, 89-3, 89-4, 105-3, 109-4, 122, 143-3, 168, 170-171, 176-177, 186-187, Klappen; Frank Teigler: 18-6, 31-3, 31-4, 36-1, 36-2, 36-3, 65-4, 65-5, 73-3, 86-3, 93-2, 97-3, 99-2, 99-3, 115-3, 131-3, 143-5, 154-1, 154-4, 155-2, 176-1, 176-2, 176-3, 177-1, 177-2, 177-4, 183-2.

Cover: Plainpicture

Illustrationen: Johann Brandstetter (19, 55, 87,123), Matias Kovacic (159-3) und Igor Picolin

Bildhinterlegungen und Icons: Shutterstock

Syndication: www.jalag-syndication.de

QUALITÄTS G|U GARANTIE

Liebe Leserin, lieber Leser,

haben wir Ihre Erwartungen erfüllt? Sind Sie mit diesem Buch zufrieden? Haben Sie weitere Fragen zu diesem Thema? Wir freuen uns auf Ihre Rückmeldung, auf Lob, Kritik und Anregungen, damit wir für Sie immer besser werden können.

GRÄFE UND UNZER Verlag
Leserservice
Postfach 86 03 13
81630 München
E-Mail: leserservice@graefe-und-unzer.de
Telefon: 00800 / 72 37 33 33*
Telefax: 00800 / 50 12 05 44*
Mo–Do: 8.00–18.00 Uhr
Fr: 8.00–16.00 Uhr
(gebührenfrei in D, A, CH)*

Ihr GRÄFE UND UNZER Verlag
Der erste Ratgeberverlag – seit 1722.

GRÄFE UND UNZER

Ein Unternehmen der
GANSKE VERLAGSGRUPPE